自分のチカラを見つけたい、試したい、伸ばしたい

完全版

インターンシップの教科書

Textbook of Internship

編著

松高 政

Masashi Matsutaka

ナカニシヤ出版

このテキストを手にとっているあなたへ

まず、聞きます。

あなたは、何のためにインターンシップに参加するのですか？

「内定が欲しいから」
「みんなが参加しているから」
「大学生活で何もしてこなかったから」
「先輩に行っておいた方がいいと言われたから」

色々と理由はあるでしょう。

このテキストを手にとっているあなたに、まず考えて欲しいことがあります。

あなたはどうなりたいのですか？
どのような人生にしたいのですか？

「こんなこと考えて何の意味があるの？」と思っているかもしれませんね。
「そんなことより、インターンシップに行って就活にプラスになる方法をさっさと教えて欲しい」と思っているかもしれませんね。
今のあなたにとっては、インターンシップ以上に、その先の就職活動に関心があるかもしれませんから、そう思うことはしかたありません。

私は、これまでに何千人という大学生の就職活動を見てきました。社会に出た後、どのような働き方をしているのか、卒業生の姿も見てきました。
そうした私の経験から言えるのは、就職活動やその後の社会人生活で大事なことは、一度でもいいから、「自分はどうなりたいのか」という問いにきちんと向き合ったかどうかだということです。

就職活動はひたすら面倒くさい、と思っている人も多いでしょう。
"コスパ"よく、さっさと内定をとって、さっさと就職活動を終わらせたいと思ってい

る人も多いでしょう。

　少し大げさな言い方になってしまいますが、あなたがこれまで生きてきた人生のなかで、就職活動はもっとも真剣に自分と真正面から向き合う機会になると思います。

　就職活動は、あなたにとってとても大事な「節目」です。

　その節目で、自分としっかり向き合い、自分のこれからの生き方、働き方を考えた学生とそうでない学生には大きな違いがあるように思います。

　私にとって、それはほぼ確信と言えます。

　たいして悩みもせず、迷いもせず、なんとなく内定をとって社会に出ていく学生を見ていると、「大丈夫だろうか？」と不安な気持ちになってしまいます。

　「キャリアデザイン」という言葉を聞いたことがあると思います。

　「キャリア」というのは、もともとは「車輪のわだち（轍）」という意味です。馬車をイメージしてください。馬車が通った地面には、車輪の跡が残ります。これまで来た道、そしてこれから進む道、それが「キャリア」です。

　「デザイン」は、「デッサン＝下書き」がもともとの意味です。小学生のころ、図工の時間に絵を描いたと思います。白紙の画用紙にいきなり絵の具で描き始める人はいないですよね。まずは鉛筆で下書きをしますね。人生も同じように、下書きが必要なのです。

　画用紙に描いた下書きと同じように、なんか違うな、と感じたら人生の下書きも描き直せばいいのです。

　そのとき、そのときの状況に合わせて、何度でも描き直せばいいのです。

　大事なことは、なんとなくでもいいので、自分はどうなりたいのか、どんな人生にしたいのか、という下書きのイメージを持っているということです。

　「デザイン」の反対は「ドリフト」。流される、翻弄されるという意味です。あっちに行ったり、こっちに行ったりと場当たり的な、自分の意志ではなく周りの状況に流される人生。いきなり絵の具で描き始めるような、"イチかバチか"の危うい人生を送りたいと思いますか？

　あなたは、どうなりたいのか、どのように生きていきたいのか、働いていきたいのか、という下書きを描いて、その上にどの業界がいいのか、どの企業がいいのか、という色を塗っていくのです。

　業界も企業も、あなたの人生に色どりを与えるためのパーツなのです。

　ジグソーパズルの全体像がイメージできなければ、それぞれのパーツを埋めていく

ことはできません。

　全体像が見えないなかで、「内定をとること」をゴール（目的）にした就職活動ほど、むなしく、辛く、苦しいものはありません。

　人間は意味を見出せない努力に苦痛を感じ、むなしさを感じます。

　やる気が出ないのは当たり前です。

　就職活動をし、内定をもらって、その会社で働くということ。

　それは、あなたの人生において１つの「手段」でしかありません。

　自分の人生の大きな方向性、それすら考えずに、どの業界がいいのか、どの企業がいいのかを考えることは、旅行の行先が決まっていないのに、電車で行こうか、車がいいのかと考えているのと同じことです。

　どの業界、どの企業で働くのか、それはあなたが本当に行きたい場所にたどり着くための「手段」です。

　「手段」を「目的」にしないでください。

　もう一度、聞きます。

　あなたはどうなりたいのですか？
　どのような人生にしたいのですか？

　この問いを考えるきっかけとして、インターンシップに参加してください。

　インターンシップに参加することで、社会人の生き方、働き方を目にするでしょう。仕事を経験することで、自分はどんな仕事に向いているのか、どんな働き方をしていきたいか考えるはずです。それは教室では得られない貴重な機会です。

　インターンシップへの参加は、あなたの人生の下書きをどのように描くのか、どのような色を塗っていくのか、その準備です。

　さあ、一緒に始めていきましょう。

松高　政

このテキストの特長と使い方

2022 年に日本のインターンシップは大きく変わりました。

このテキストは、新しくなったインターンシップに**完全対応した**テキストです。

これまでのインターンシップは、学生にとっては就職活動、企業にとっては採用活動として行われてきたものがほとんどです。

そのため、大学生向けに出版されてきたインターンシップに関する書籍の多くは、就職活動のマニュアル本に近い内容であるように思います。

新しくなったインターンシップは、「学生の自律的なキャリア形成」を目的としています。そのため、このテキストも、インターンシップに参加することによって、皆さんが成長し、卒業後、生き生きと仕事をし、幸せな人生を送るために、何を準備し、何を考えておくべきなのか、ということを目的に内容を構成しました。

このテキストのサブタイトルの通り**自分のチカラ**を「**見つけ**」、「**試し**」、「**伸ばす**」、そのためにインターンシップに参加して欲しいと願っています。

もちろん、インターンシップが新しくなった今でも、「早く内定が欲しい」から参加する学生も多いでしょうし、「良い学生を採用したい」と思っている企業も多いでしょう。インターンシップと就職・採用活動は無関係ではありません。

しかし、就職・採用活動のためだけのインターンシップでは、もはや成り立たなくなってきたのです。

デジタル化による急速な社会変化、今後加速する日本の人口減少、人生 100 年時代、クリーンエネルギー社会への転換、VUCA（Volatility：変動性、Uncertainty：不確実性、Complexity：複雑性、Ambiguity：曖昧性）と呼ばれる、先を見通せない予測不可能な社会……このような社会に皆さんは生きていくのです。

このような社会で求められるのは、「自律的なキャリア形成＝自分のキャリアを主体的に考え、生きていく」人材なのです。

新しくなったインターンシップは、このような人材を育成する 1 つのプログラムとして位置づけられています。

このテキストは、インターンシップの授業を長年担当している松高政、西岡亜矢子

の 2 名で作成しました。

　松高政は、民間企業での経験を活かし、京都産業大学でインターンシップ科目を 20 年近く担当しています。この科目は文部科学省「令和 5 年度大学等における学生のキャリア形成支援活動表彰」において最優秀賞を受賞し学外からも高く評価されています。

　西岡亜矢子は、企業を中心にコンサルティングや研修を行う会社を経営しています。大学における指導経験も多数あり、大学院での組織開発の研究、前職での経験なども含め、広い視点から、社会と学生をつなぐ育成に注力しています。

　経験豊富な 2 人が、これまでの授業で実践してきた内容をできるだけ分かりやすく、1 つずつ丁寧に解説しました。

■ このテキストの使い方

　このテキストは、以下のような使い方を想定しています。

■大学の授業等でのテキストとして

大学で実施されるインターンシップの事前・事後授業、ガイダンス、オリエンテーション、キャリア教育科目の授業等での活用。

■学生の自習用のテキストとして

インターンシップやその他のキャリア形成プログラムに参加しようとしている学生が事前に自習するためのテキストとしての活用。

　どちらの場合であっても、以下の点を意識しながら使ってください。

①まずは、本文の説明をしっかり読んで、内容を理解してください。

②本書ではワークを多く取り入れています。面倒くさい、こんなこと考えても意味ないんじゃないか……などとやりたくない理由を見つけやり過ごさないでください。このような言い訳は学生であれば許されるかもしれませんが、社会人になると許されません。同じような問いをインターンシップ先の社員から聞かれたらどう答えるのですか？

③それぞれのワークの目的を考えながら、自分の言葉で書くようにしてください。すぐに書けない場合は飛ばしても構いません。文章にならなかったり、うまくまとめられなくても、気にすることはありません。大事なことは自分としっか

り向き合い、自分の本音＝本当に思っていることを探ることです。

④ワークで考えたこと、書いたことを、友人や先輩、知り合いの社会人、インターンシップ先の社員に話してみてください。別の視点で捉え直すチャンスになります。自分の考えていることが相手に伝わっているのか、自分の中でモヤモヤしたままなのか、誰かに話すことによって気がつくことはあるはずです。その際、人には言いたくないこともあるでしょう。そのようなことは無理して話す必要はありません。

「『インターンシップ』についてきちんと理解しておこう！」で詳しく説明しているように、このテキストは、「インターンシップ」に参加することを主な目的としていますが、それ以外のプログラム（タイプ１：オープン・カンパニー、タイプ２：キャリア教育）に参加する場合にも大いに役立ちます。

「オープン・カンパニー」、「キャリア教育」であっても、企業が関わっているプログラムなので基本的な考え方は同じです。どのようなプログラムであっても、事前にきちんと準備をして参加することが重要です。

インターンシップに参加することに「不安」があるかもしれません。このテキストでしっかりと準備することによって、その「不安」を「自信」に変えてください。

しっかり準備して、
インターンシップ頑張るぞ!!

目　次

「インターンシップ」について
きちんと理解しておこう！

これからインターンシップに参加するための事前準備を始めていきます。
その前に、インターンシップとは何か、きちんと理解しておきましょう。
現在実施されているインターンシップにはいくつかのタイプがあり、「インターンシップ」と呼んでよいものと呼ぶべきでないものがあります。
自分はどのタイプのインターンシップに参加するのか、しっかりと見極めることが大事です。

現在、「インターンシップ」という呼び方で多様なプログラムが実施されています。企業が独自で実施するもの、大学と協定を結んで実施されているもの、実施時期や対象学年、内容も様々です。

しかし、「インターンシップ」という言い方で実施しているプログラムの中には、厳密には「インターンシップ」と呼ぶべきではないプログラムも多いのです。

実際に参加する前に、「インターンシップ」とは何なのかしっかり理解しておきましょう。

> インターンシップにも色々な種類があるのか！

新しくなった「インターンシップ」

日本のインターンシップは、1997年に政府から出された「インターンシップの推進に当たっての基本的考え方」という文書に基づいて実施されてきました。文部科学省、厚生労働省、経済産業省の三省から出されたため「三省合意」と呼ばれています。

		対象学年	目的	主な想定される内容	就業体験	取得した学生情報の採用活動への活用
「インターンシップ」と称さない	【タイプ❶】オープン・カンパニー	年次不問	企業や業界に関する情報提供・PR	企業・就職情報会社や大学キャリアセンターが主催するイベント・説明会	なし	不可
	【タイプ❷】キャリア教育		働くことへの理解を深めるための教育	大学等が主導する授業・産学協働プログラム（正課・正課外を問わない）企業がCSRとして実施するプログラム	任意	
「インターンシップ」と称して実施	【タイプ❸】汎用的能力・専門活用型インターンシップ	学部3年・4年／修士課程・博士課程	就業体験を通じて、学生にとっては自らの能力の見極め、企業にとっては学生の評価材料の取得	企業単独、大学等が企業あるいは地域コンソーシアムと連携して実施する、適性・汎用的能力ないしは専門性を重視したプログラム	必須・汎用的能力活用型：5日間以上・専門活用型：2週間以上	採用活動開始以降に限り、可
	【タイプ❹】高度専門型インターンシップ	修士課程・博士課程	就業体験を通じて、学生にとっては実践力の向上、企業にとっては学生の評価材料の取得	「ジョブ型研究インターンシップ（理系・博士対象）」、「高度な専門性を重視した修士課程学生向けインターンシップ（主に文系対象）」	必須ジョブ型研究インターンシップ：長期（2カ月以上）	

出典：採用と大学教育の未来に関する産学協議会 2021 年度報告書「産学協働による自律的なキャリア形成の推進」より作成

　この「三省合意」が 2022 年 6 月に改正され、インターンシップの位置づけ、定義が大きく変わりました。改正された「三省合意」では、それまで「インターンシップ」と称して実施されていた取り組みを、前ページの表にあるように 4 つのタイプに分け、「インターンシップ」と位置づけたのは、**「タイプ 3」「タイプ 4」** のみとなりました。

　このタイプ 1 からタイプ 4 のうち、「インターンシップ」と呼ぶことができるのはタイプ 3、タイプ 4 のみで、タイプ 1 のオープンカンパニー、タイプ 2 のキャリア教育は「インターンシップ」ではありません。

　多くの学生が参加すると思われるタイプ 3 のインターンシップについて、もう少し詳しく説明しておきます。

　タイプ 3 のインターンシップを実施する企業は、以下の 5 つの条件を全て守る必要があります。

（1）就業体験要件
　必ず就業体験を行う。インターンシップ実施期間の半分を超える日数を職場での就業体験に充てる。

（2）指導要件
　就業体験では、職場の社員が学生を指導し、インターンシップ終了後、学生に対しフィードバックを行う。

（3）実施期間要件
　インターンシップの実施期間は、汎用的能力活用型では 5 日間以上、専門能力活用型では 2 週間以上。

（4）実施時期要件
　学業との両立に配慮する観点から、大学の正課および博士課程を除き、学部 3 年・4 年ないし修士 1 年・2 年の長期休暇期間（夏休み、冬休み、入試休み・春休み）に実施する。

（5）情報開示要件
　募集要項等に、以下の項目に関する情報を記載し、HP 等で公表する。
①プログラムの趣旨（目的）
②実施時期・期間、場所、募集人数、選抜方法、無給／有給等
③就業体験の内容　（受入れ職場に関する情報を含む）
④就業体験を行う際に必要な（求められる）能力
⑤インターンシップにおけるフィードバック
⑥採用活動開始以降に限り、インターンシップを通じて取得した学生情報を活用する旨（活用内容の記載は任意）

はじめに

⑦当該年度のインターンシップ実施計画（時期・回数・規模等）

⑧インターンシップ実施に係る実績概要（過去２～３年程度）

⑨採用選考活動等の実績概要　※企業による公表のみ

出典：採用と大学教育の未来に関する産学協議会 2021 年度報告書「産学協働による自律的なキャリア形成の推進」

この５つの条件を満たしている場合は、**インターンシップにおいて取得した学生情報を採用活動開始以降に限って採用活動に活用すること**が可能となりました。

タイプ１やタイプ２については、これまで通り、学生情報を採用活動に活用することはできません。

分かりやすく言うと、**タイプ３のインターンシップは採用活動につなげていいが、タイプ１、タイプ２は採用活動につなげてはいけない**、ということです。

改正以前は、どのようなタイプのインターンシップも採用活動につなげることは認められていませんでしたが、新しく位置づけられたインターンシップでは採用活動につなげることが認められることとなり、改正の大きな変更点となったのです。

ただし、**タイプ１からタイプ４は学生のキャリア形成支援の取り組みであり、採用活動そのものではありません。** タイプ３のインターンシップも、「学生情報を活用することが可能」になったというだけであって、**採用・選考活動そのものではありません。**

「インターンシップに参加しないと、採用選考のためのエントリーができない、あるいは内定が得られない」といった、誤った情報が学生の間に広がっているようですが、それは大きな誤解です。

インターンシップに参加しなくても、採用選考へのエントリーは可能ですし、インターンシップの参加経験がなくても実際に内定を得ている学生はたくさんいます。

インターンシップに参加しなくても内定はとれるんだ！

「インターンシップ」ではない「インターンシップ」

先ほど説明した企業に課された５つの条件は、企業にとっては実施のハードルがなかなか高い内容です。そのため、今後タイプ３、タイプ４のインターンシップを実施する企業は限られてくると思われます。

　これまで説明してきたインターンシップのルールを定める「三省合意」は、あくまで指針に過ぎず、守らなくても罰則はありません。

　そのためこのルールを守らず、タイプ1、タイプ2の取り組みを「インターンシップ」と呼んで実施し続ける企業もあるでしょう。

　なぜ、そのような企業があるのでしょうか？

　理由は大きく2つ考えられます。
〈理由その1〉インターンシップについてのルールをそもそも知らない
〈理由その2〉ルールは知っているが守らない

■ 〈理由その1〉の企業

　そもそもルールを知らないので守りようがありません。しかし、今はSNSで検索すればすぐに情報を得られる時代です。「三省合意」が改正され、インターンシップの位置づけが大きく変わったことはマスコミで報道もされ、企業関係者の間でもそれなりに話題になりました。

　インターンシップと称した取り組みを実施しているにもかかわらず、このような重要な情報にアクセスすることもなく、基本的なルールすら知らないという企業は情報感度が弱いと言っていいかもしれません。

■ 〈理由その2〉の企業

　ルールを知っているのに守らないわけですから確信犯です。

　ではなぜ、ルールを守らないのでしょうか？

　それは、「オープン・カンパニー」や「キャリア教育」と言うより、「インターンシップ」と言った方が、分かりやすく学生が集まるからです。

　しかし、「インターンシップ」と呼ぶためには、先ほど説明したように、5つの条件を満たす必要があります。それに対応できない（もしくは、そもそも対応するつもりもない）企業は、「インターンシップ」と呼んでいるのです。

　大学生の多くが知っているような大手・有名企業は、ルールを破ってまで「インターンシップ」と呼ぶイベントをわざわざ実施しなくとも学生が集まります。毎年、就職情報会社から発表される人気企業ランキングを皆さんも見たことがあると思います。そこに名前が出るような学生から人気のある企業は、「オープン・カンパニー」であっても、「キャリア教育」であっても、学生が参加してくれます。

　しかし、あまり知られていない中堅・中小企業だと、学生はなかなか集まってくれません。そこでよく見られるのが「早期選考」です。

はじめに

「インターンシップに参加してくれた学生には、優先的に"早期選考"の案内をします」

こうしたフレーズを聞くと、「参加しないと！」と焦りますね。「優先的」という言葉は魅力的です。何か特典がありそうですよね。「インターンシップ⇒早期選考」をアピールして、なんとか学生を集めようとしているのです。

このように「インターンシップ」と称して実施されている取り組みの中には、本来「インターンシップ」と呼ぶべきではないのに「インターンシップとして」実施している場合があります。

自分が参加するものがインターンシップなのかどうか、しっかりと確認するようにしてください。もしインターンシップの条件に合致していないにもかかわらず、インターンシップとして開催されているのであれば、その理由を考えてください。それは、通常とは違った視点からの企業研究にもなるはずです。

企業がどのような目的で実施しているのか、確認しないといけないんだ！

"焦る"必要はありません！

採用活動の早期化が進んでいます。インターンシップに参加して、早期選考を受けないと……焦る気持ちはよく分かります。

もちろん早くから自分の将来を考えて、業界や企業を調べることは重要です。しかし、冒頭の「このテキストを手にとっているあなたへ」でもお伝えしたように、インターンシップに参加する目的をよく考えてください。

「内定が欲しい」気持ちは当然です。「自分は内定をもらえるのだろうか？」不安ですよね。しかし、**「就職活動＝内定をもらう」、それだけをゴールにインターンシップに参加し、就職活動に取り組むのは、辛く、しんどく、ひたすらつまらないものになってしまいます。**

就職活動を終えた先輩たちはよくこのように言います。

「早めに就活の準備をしておくのは大事なことだけど、そんなに焦って早期選考に参加したりしなくてもよかったかな。そのぶん、自己分析とか自分に合う企業や働き方を考えることにもっと時間を使えばよかったな。」

　その通りだと思います。ほとんどの学生にとって、就職活動は初めての経験です。過去に一度でも経験したことがあれば、もっとこうすればいい、ああすればいい、と振り返りながら進めることができます。しかし初めての経験であれば予測も予想も立たないまま、未知の世界に入っていくようなものです。不安になり、焦るのが当たり前です。

　だからこそ、あえて言いたいのです。

「焦る必要はありません！」

　インターンシップに行って早期選考を受けないと……その気持ちは分かりますが、浮足立ってはいけません。

　早期選考よりも、就職活動ではもっともっと大事なことがあります。

　目先の内定という結果に気を取られるのはしかたないことですが、あなたに本当に向き合って欲しいのは、さらにその先にある、「自分はどうなりたいのか」「どう生きていきたいのか」「どう働いていきたいのか」という問いです。

　これらの問いに真正面からぶつかり、自ら導き出したゴールを実現するために、最終的には１社しか選べない企業を「自分で選びとる」、インターンシップに参加することも、就職活動をすることもそのためのプロセスなのです。

　今の大学生は、恐らく卒業後50年近く働くことになるかもしれません。同じ会社で定年まで働き続ける人は少ないでしょう。働き方も多様化しています。10年、20年先、どのような働き方をしているか今は分かりませんが、就職活動はその最初の入り口です。単なる通過点でしかありません。

　インターンシップを「内定を取りにいく」手段と考えるのではなく、自分はどうなりたいのか？　その問いを考えるチャンスにしてください。

私はどうなりたいんだろう？

第1章

インターンシップに参加する「目的」と「目標」を考える

これまで、親や学校の先生から「目的は何だ？」「目標を持て！」と何度も言われてきたのではないでしょうか。

誰かに無理やり決めさせられた「目的」や「目標」では、「やらされてる」感が強いですね。達成するやる気も出ないですよね。

「やりたい！」「やってみたい！」と思うには、自分で考えた「目的」「目標」でなくてはいけません。

この章では、インターンシップに参加する「目的」「目標」を考え、自分の言葉にまとめます。

第1章のねらい

▶事前準備の重要性を理解する

▶「目的」と「目標」の意味と重要性を理解する

▶インターンシップに参加する「目的」と「目標」を自分の言葉で語れるようになる

「参加すればいい」というものではない

学生 先生、この前、インターンシップに参加してきました!!

教員 それはよかったね。どこの会社のインターンシップに参加してきたの？

 ちょっと待ってください……

と言って、カバンからノートを取り出し調べようとしている。

 えっ、会社の名前、覚えてないの？？？

 とりあえず、どこか参加しておいた方がいいかと思って……

インターンシップに参加した会社の名前すら忘れてしまっては、何のために参加したのかわかりませんね。このような学生は決して珍しくありません。

インターンシップは"参加すればいい"というものではありません。参加するのであれば、しっかりとした事前の準備が必要です。

社会人経験のない学生にとって、「企業」で「仕事」をするというインターンシップは、これまでにない大きな経験でしょう。

企業で働く社員は、大きな経験を伴う重要な仕事をする場合、必ず「企画書」を作成します。

企画書とは、「やりたいことを実現するために、具体的な内容、計画をわかりやすくまとめたもの」です。

大きな仕事ほど、失敗した時のダメージは大きくなります。だからこそ、取り掛か

る前にしっかりとプランを練って、上司や同僚に説明し、最終的な了解と協力を得ることが求められます。自分一人で、行き当たりばったりに進めて、どうにかなるだろう、では許されません。それが仕事の進め方です。

　あなたも、企業に行って、仕事を経験します。インターンシップという大きな経験を伴う仕事に取り組むわけですから、**「インターンシップの企画書」**を準備する必要があります。

　企画書の最初に書くことは**「目的」**と**「目標」**です。
　私もこれまで何度も企画書を書いてきました。他人が書いたものも数えきれないほど見てきました。
　私の経験からすると、最初の「目的」と「目標」がどのように書かれているかで、その企画書の完成度は8割くらい決まってしまうと思っています。そのくらい、「目的」と「目標」をしっかり考えることは重要です。

■ 「目的」ってなんだろう？

　あなたも、周りの大人から「目的を持て」とこれまで何度も言われてきたと思います。
　では、そもそも、なぜ「目的を持つ」必要があるのでしょうか？

> どうして「目的」を持たないといけないの？

　サッカー、野球、ラクビー、バスケットボール、卓球……と、最近のオリンピックやワールドカップで日本チームは大躍進しています。それに合わせて国民の応援、期待も大きくなってきていますね。
　ひと昔前まで、日本のスポーツは世界であまり通用しませんでした。オリンピックやワールドカップに出場すらできないことが多かったのです。それが最近では、「日本も世界で十分戦えるじゃないか！」という雰囲気になってきました。「今の日本は違うんだ。日本だってすごいんだ‼　その姿を世界に見せてやろう‼」という想いが、選手にも応援する国民にも共有されているように思います。

　まさに、この想いこそが**「目的」**です。
　「目的」とは、**「ありたい姿」**です。

1

「日本のすごさを世界に見せてやろう」という「ありたい姿」を本人だけではなく、周りの人とも共有し、共に目指すのです。

　試合中、選手は何度も苦しい場面に出会うはずです。もうダメだ、無理かもしれない……という気持ちになるかもしれません。しかし、諦めず最後までプレーできるのは、この「目的」があるからです。「ここで負けたら、やっぱり日本はダメだって思われてしまう。絶対、そうなりたくない‼」という「ありたい姿、目指したい姿＝目的」があるから、選手は心を折らずに最後の瞬間までプレーができるのではないでしょうか。

　応援する国民も、その「目的」を共有しているから、「日本の強さを最後まで見せてくれ！　負けるな Nippon‼」と必死で応援するのです。

　「目的」は辛くとも最後までやり遂げるモチベーションになり、周りの人を巻き込むチカラがあるのです。これが「目的を持つ」意味です。自分も頑張れるし、周りの人たちも応援してくれる。「目的のチカラ」は大きいのです。

　インターンシップ中、うまくいかないこと、思っていたのとは違うこと、社員から厳しく言われること、落ち込むことがあるはずです。そんなとき、何のためにインターンシップに参加したのか、その「目的」が、あなたに前へ進むチカラを与えてくれるはずです。

　そして、**あなたの目的を周りの社員に伝え、共有することによって、きっとあなたを応援してくれるはずです。**

　「そういう想いがあるのなら、こんなことをさせてあげよう、あんなことも経験させてあげよう」と社員が力を貸してくれます。あなたが何のために来ているのか分からなければ、社員も何をしてあげていいのか分かりません。

　そのためには、あなたの「目的」を明確にし、自分の言葉で語れるようにならなくてはいけません。

目的は人に伝えることが大事なんだ！

「目的意識」のある学生

「目的意識のある学生が欲しい」と企業の採用担当者はよく口にします。

「何のためにするのか？」を考え、自分の言葉で語ろうとする、それが「目的意識」です。

「それは何のためにするのか」、「それをすることによって、どのような姿になりたいのか」を考え、行動する学生は、企業側から見てとても魅力的です。

目的をいちいち考えることは、面倒くさいですね。たいして考えもせず、その場しのぎの行動に流されてしまいそうです。しかし、このような安易な行動パターン、"なんとなく""どうにかなるだろう"で済ませてしまう学生の姿を見たら、採用担当者は採用を見送るはずです。そのような学生は、入社してからも、同じように何も考えずに行動するからです。仕事がうまくいくはずがありません。

皆さんは「ガクチカ」という言葉を聞いたことがあるでしょうか。

「ガクチカ」とは、「学生時代に力を入れたこと」。就職活動のエントリーシートや面接での定番のテーマです。

多くの学生が勘違いをしていますが、**「ガクチカ」は経験の大きさ、すごさを聞いているのではありません。**

大学生でオリンピックやワールドカップに出場している選手がいますが、経験のすごさでは到底かないませんね。

「自転車で日本一周をした」、「○○コンテストで優勝した」、「難関な○○という資格を取った」……。

このような大学生が、どれほどあなたの周りにいますか？

大半の学生は、普通に授業に出席して、普通にアルバイトをして、普通に旅行に行ったり、好きなことに取り組んだり……というような日々を過ごしているはずです。

「ガクチカ」を通して聞かれているのは、「目的意識」を持って学生生活を送ったかどうかです。

何も考えずにボーっと大学生活を過ごしてこなかったか、それを聞いているのです。

○○という目的（なぜそれをしようと考えたのか）を持って、○○という行動をし、○○ということを学び、それを○○という経験につなげた、というサイクルです。

このサイクルがスパイラル的に上昇し成長につながっているかどうか、これが重要なのです。

この成長サイクルの出発点が「目的」なのです。

ここまで「目的」の意味と重要性を説明してきました。
では、あなたがインターンシップに参加する「目的」は何ですか？
自分の言葉で書いてみましょう。

✎ **ワーク　あなたがインターンシップに参加する「目的」を書いてみましょう。**

・何のためにインターンシップに参加するのか？
・インターンシップに参加することによって、そしてさらにその先にある自分の「なりたい姿、目指したい姿」はどのようなものか？

「目標」は「ありたい姿」への「目じるし」

では次に、「目標」について考えていきましょう。

オリンピックやワールドカップで「日本が世界に通用する姿を見せてやろう‼」という「目的」を持っていても、1回戦で負けてしまったら、さすがに世界に通用するとは思ってもらえないですね。
そのために、最低でも「ベスト8に入ろう‼」「予選を突破しよう‼」と具体的なゴールを設定します。
これが「目標」です。

「目標」とは「目じるし」です。「目的」に向かっていく途中段階であり、達成するためにクリアすべきステップです。

自分で目標を設定すれば、たどり着きたい目じるし（到達地点）が明確です。具体的に何をすべきかはっきりしているので自分からアプローチしやすく、モチベーションも保ちやすくなります。

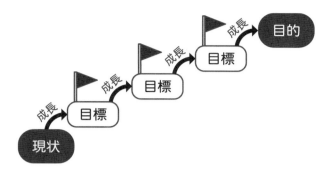

　次の例で考えてみましょう。

　「目的」が「信頼される人になりたい」だとします。
　「どうしたら信頼される人になれるんだろうか？」と漠然と考えていても、モヤモヤした気持ちのままですね。
　こんなことをやってみよう、こんなことを意識してみよう……と行動に移そうとしても、イマイチ、成果につながっていかないような気がします。
　なぜでしょうか？

　それは、言葉にできていないからです。

　そもそも、「信頼される人」って、どんな人なのでしょうか？
　どんな人なのか、それが分かっていなくては、どう行動に移したらいいのかも分かりません。

　私たちの行動のベースにあるのは言葉です。
　自分が考えていること、願っていること、目指していること……これらを言葉にできなければ、自分でもよく分からず、目標の実現からは遠のいていってしまいます。
　「信頼される人」とは、どのような人なのか考え、言葉にする。
　それが、ファーストステップ、最初の「目標」です。
　インターンシップに参加する目的が「信頼される人になる」であったとするならば、終了時に「信頼される人とは、どのような人であるか明確にできている」ということが「目標」だと言えます。

　ただ、気をつけて欲しいことがあります。
　大学の試験やレポート課題などで、「○○について定義をしろ」と言われたことがある人も多いと思います。

　定義を行うときには、一般的に「○○は××のことである」という表現の仕方をします。

　「信頼」を『広辞苑』で調べると「信じて頼る」とあります。辞書的に定義すると「信頼できる人」とは「信じて頼れる人」ということになります。

　しかし、これでは単に言い換えただけで、「信頼できる人」とはどのような人なのかよく分かりません。

　そこで、定義することを、**必要な項目・条件をあげること**と捉え直してみましょう。

 ワーク：「信頼できる人」とは、どのような人物でしょうか？　必要な条件を３つあげてください。

- ●
- ●
- ●

　これで、最初の目標は達成できました。では、次の目標は、何でしょうか？

　それは、あなたがあげた「信頼される人」に必要な条件に対して、今のあなたに「あるもの」と「ないもの」を「明らかにすること」です。

　これはあくまで練習ですから、メモ書き程度で構いませんので、試しに書き出してみましょう。

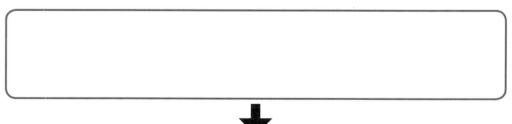

　そして、自分に足りていないものは、どのようにしたら身につけることができるのか、それを考え、計画することです。具体的にどのような行動、経験をする必要があるのか、実行項目をあげるのです。

　これもメモ書き程度で構いませんので、書いてみましょう。

実行項目を決めたら、それが本当に実行できているかどうか、その確認が必要です。確認するためには、実行項目を決める際、具体的な期間や数字といった客観的な表現を用いると、達成度を判断しやすくなります。

　もし実行できていなければ、再度、「目標」を立て直して、チャレンジしていけばいいのです。

　「目標」とは、「目的」に向かっていく途中段階、達成するためにクリアすべきステップです。今、練習したように、一つひとつの「目標」＝ステップを設定し、それをクリアしていくことによって「目的」に到達するのです。

　インターンシップでの「目標」を決める際には、どのステップまでクリアしたいのか、到達することを目指すのかを考えてください。

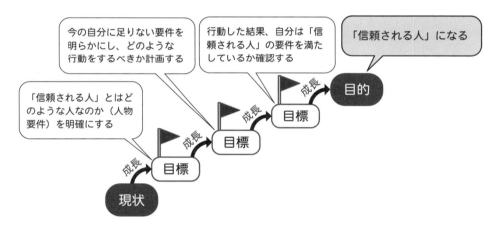

「目標」は、自分で設定することに大きな意味がある

　自分で設定した「目標」であれば、達成したいという意欲がわいてきます。誰かから与えられた「目標」はやらされ感がいっぱいで、どうしても受け身になり、モチベーションも保ちづらいものです。

　自分で目標を決め、達成できたときの喜びは、確実に次の経験へとつながります。**「やらされてる」から「やりたい」に変わります。**

　簡単すぎず、難しすぎず、頑張ればなんとか達成できそうな、少し背伸びした「目標」、自分にふさわしい「目標」を少しずつ達成しながら、徐々に難易度を上げていけば、大きな目標も現実味を帯びてきます。

> ✏ ワーク：インターンシップに参加する「目的」が「将来、地域に貢献できる仕事をするため」だとします。インターンシップに参加する「目標」はどのように立てることができるでしょうか？

最後に、14ページで書いた、あなたの「目的」を達成するための「目標」を書いてみましょう。

> ✏ ワーク：インターンシップを終えたときに達成していたいあなたの「目標」を書いてみましょう。

　これで、あなたがインターンシップに参加する「目的」「目標」を自分の言葉でまとめられたはずです。

　インターンシップに参加している間、この「目的」「目標」を常に意識して取り組んでください。きっとあなたにチカラを与えてくれるはずです!!

第1章のまとめ

▶ どのくらい準備したかによって、インターンシップから得られる経験は大きく違ってくる。

▶ インターンシップに参加する「目的」と「目標」を自分の言葉で語ることが事前準備の出発点。

▶「目的」とは、「どうなりたいのか、どうありたいのか」ということ。「それは何のため？」という問いを考えることから導き出せる。

▶「目的」を、自分の言葉で語ることによって、苦しいことを乗り越えるモチベーションにもなり、周りの人たちにも共有され応援してもらえる。「目的のチカラ」は大きい。

▶「目標」は、「目的」を達成するための「目じるし」。自分で「目標」は設定することに大きな意味がある。

▶ インターンシップに参加している間、「目的」「目標」を常に意識し取り組むことで、大きな成果が得られる。

1

どうしてインターンシップが新しくなったの？ 何が問題だったの？

「1day インターンシップ」という言葉を聞いたことがあるでしょうか。言葉の通り 1 日だけのインターンシップです。「三省合意」改正前には多くの企業で実施されていました。

「one day internship」という英語は、海外では通じません。「黒い白猫」と言っているのと同じだからです。海外の internship は長期実施が当たり前で、one day の internship など存在しないのです。日本の「1day インターンシップ」のことを海外では "job fair" と呼びます。会社説明会のことです。

海外の大学では、日本とは比べものにならないほど当たり前のようにインターンシップが行われており、多くの学生が参加しています。その期間も 1 か月程度のものは短い方で、3 か月〜 6 か月が普通です。しかもほとんど有償で、アメリカでは時給約 20 ドルが支給されています＊。内容も新入社員が行うレベルの仕事を任せられます。

日本のインターンシップは、職業観、勤労観といった、働く意味や会社の仕組みを理解することを大きな目的としていますが、海外では大学で学んだ専門知識を仕事で実際に活用できるかどうか、その会社や仕事と自分の適性をすり合わせるということが目的です。そして、学生本人と企業双方が合意すれば採用につながっていきます。

これまでの日本では、「インターンシップ」という名の下に、様々な目的・形態・期間のプログラムが実施され、何でもありの状態で学生の混乱や焦りを招く一因となっていました。特に学生は、採用に直接つながると期待して、実務をまったく体験しない「インターンシップ」と称する半日、1 日のプログラムに参加してきたのが実情です。国際的なインターンシップと大きく乖離しているため、留学生など海外の学生の理解や参加が得られにくいのが現状です。

これまでに行われてきたインターンシップのほとんどは、平日に開催されてきました。そのため学生は授業を休んで参加しなければならず、大学での学業がおろそかにされているという批判も起こっています。企業側からすると「大学の授業を休んで参加してください」ということです。では、採用面接で定番の質問「ガクチカ」（学生時代にチカラを入れたこと）で、「私は大学の授業を休んでインターンシップに熱心に参加してきました」と言ったら高く評価されるのでしょうか？ 授業を休んでインターンシップに参加しろ、と言っているのに、それを言っても評価されない、どう考えても矛盾していますよね。

このような混乱を解消し、学生が職場で実際の業務を体験し、仕事の楽しさや厳しさ、難しさなどを認識することで、自らの能力を見極めるきっかけ作りとなる「質の高いインターンシップ」を目指して、新たなインターンシップに変わったのです。

＊ 2022 INTERNSHIP & CO-OP SURVEY REPORT（National Association of Colleges and Employers）

第2章

あなたにはどのような
チカラがあるのか？

あなたには、どのようなチカラがあるのでしょうか？
インターンシップで試してみたいチカラは何ですか？
うまくいくことも、失敗することもあるでしょうが、そのプロセスで自
分の課題も見えてくると思います。
その課題があなたを成長させてくれるはずです。

▶これまでの大学生活を振り返り、自分にどのようなチカラがあるのか洗い出す
▶「汎用的能力」と「専門能力」それぞれの意味を理解し、自分にどのようなチカラがあるのか浮き彫りにする
▶インターンシップで試してみたい自分のチカラを明確にする

インターンシップは練習試合

中学校、高校で部活動に参加していた人も多いと思います。部活動でいきなり本番にのぞむことはないですよね。運動部であれば練習試合、文化系であればリハーサルを事前に行うはずです。練習試合もリハーサルも、何ができていて、何ができていないのか、事前に確認するために行いますね。

実際に企業で働いたことのない皆さんは、仕事についてのリアルを理解するのは難しいでしょう。ましてや、自分のチカラがどのくらい通用するのか、ほとんど分からないと思います。

ゼミやサークルでリーダー的な役割をしている学生が、企業に入ったとたんリーダーシップをまったく発揮できないことがあります。どうしてそうなるのでしょうか？

ゼミやサークル、アルバイトでもそうですが、一緒に活動しているのはほとんどが同じ大学生で、自分と似たような人たちです。しかし、企業に入ると、これまで接したことがなかったような、年齢や立場もまったく異なる人たちと一緒にやっていくことになります。

自分と同じような人たちであればリーダーシップを発揮できるのに、そうでない人たちに対しては発揮できないということはよくあります。大学と企業とではあなたを取り巻く環境がまったく異なるからです。

大学では発揮できたリーダーシップが、企業という異なった環境でも発揮できるのか、通用するのか、これはやってみないと分かりません。

インターンシップはその練習試合の場です。あなたのチカラがどのくらい通用するのか、何が足りていて、何が足りないのか。思いっきり試してください。

インターンシップの定義から考えてみる

インターンシップの定義（「三省合意」）は以下のとおりです。

> 「学生が、その仕事に就く能力が自らに備わっているかどうか（自らがその仕事で通用するかどうか）を見極めることを目的に、自らの専攻を含む関心分野や将来のキャリアに関連した就業体験（企業の実務を体験すること）を行う活動（但し、学生の学修段階に応じて具体的内容は異なる）」

この定義について丁寧に考えていきましょう。

初めに「学生が、その仕事に就く能力が自らに備わっているかどうか（自らがその仕事で通用するかどうか）を見極めることを目的に」と書かれています。

「その仕事に就く能力が自らに備わっているかどうか」を「見極める」のです。

「見極める」ためには、自分にはどのような能力が備わっているのか、どのような能力を見極めたいのかを明確にしておく必要があります。

料理でたとえるならば、自分はどのような材料を持っていて、どのような料理を作りたいのか、作れるのかということです。どのような材料があるか分からなければ、どのような料理を作れるのか考えることはできません。

「三省合意」によれば、ここで言う能力とは、大きく分けて2つです。

それは、**「汎用的能力」**と**「専門能力」**です。

まず「汎用的能力」について考えてみましょう。

「汎用的」とは、「一般的に活用したり幅広く用いたりすること、用途を限定せず何に対しても使えること」（『広辞苑』）という意味です。

つまり、「汎用的能力」とは、コミュニケーション能力、熱意・意欲、行動力・実行力……といった幅広い場面で発揮される、いわゆる〇〇力や意識・態度、行動パターンのことを言います。

自分にはどんな力があるんだろうか？

2

「あなたの持ち味」「あなたらしさ」

「自己PRをしてください」

「あなたの長所は何ですか？」

これらは、就職活動で聞かれる定番の質問です。

「PRするような長所なんてありません……」「自分は大学生活で何もしてこなかったので話すことがないんです……」。

多くの学生はひるんでしまいます。自信をなくしてしまいます。

しかし、そんな必要はまったくありません!!

およそ20年間生きてきたあなたには、良いところが必ずあります。

その「良いところ」とは、あなたならではの「持ち味」「らしさ」です。

「○○さんって、どんなことにもまじめに取り組むよね」、「あの積極性って、○○さんらしいよね」、「○○さんの笑顔って、いつも周りを明るくするよね」……。

きっとあなたも、「○○さんって、△△な感じだよね」という印象を周りの人から持たれているでしょうし、言われたこともあるはずです。自分でもなんとなく感じていませんか？

親、小中高の先生、大学での友人や知り合い……こうした人たちからどのように思われているのか、少し考えてみてください。思い切って直接聞いてみてもいいかもしれませんね。

それが「あなたならではの特性」です。そんなに意識もせず、自然に身につき、勝手ににじみ出る取り柄のようなものです。

例えば、「困っている人がいたら放っておけない」というタイプの人は、その人にとっては当たり前の行動をしているだけなのでしょう。いつも明るい人も、無理にやっているのではなく、自然にそうしていますよね。

私のゼミ生で、電車の中でおばあさんから目的地までの行き方を尋ねられ、自分が降りる駅を乗り過ごしてまで送っていった、という話をした学生がいました。それを聞いた他のゼミ生は「どうしてそこまでするの？」と不思議がっていましたが、本人は「そんなに特別なこと？」とキョトンとした表情をしていました。自然に行動してしまうとはそのようなものです。

「あなたならではの特性」、それが、あなたの強味です。

　私は50年以上生きていますが、「いつも笑顔でいる」ことはあまりないですし、そうしようと意識したことも、これまでに10回あるかないか……まあ、ほとんどないと言った方がいいかもしれません（だからといって、いつも不機嫌そうな顔をしているわけではないですよ（笑））。

　いっぽう、「いつも笑顔でいる」学生っていますよね。強く意識はしていないのでしょうが、周りから「いつも笑顔だよね」と言われ、本人もそれをなんとなく分かっているので、少しは心がけているかもしれません。

　20年くらいしか生きていない学生の方が、50年以上生きている私より「笑顔でいよう」とし、「笑顔でいる」という点においては、圧倒的な強みになっているのです。

　だから、「いつも笑顔でいること」はその人の「持ち味」、「らしさ」であり、強味になるのです。

　この一貫した意識、態度、行動が、あなたの「持ち味」「らしさ」です。
　それは他人と比べるものではありません。

　では、自分の「持ち味」「らしさ」を見つけるには、どうしたらいいのか？
　まずは、日々の何気ない行動を振り返ってみましょう。普段、何気なくやっていることにあなたの「持ち味」「らしさ」は出やすいものです。意識せずやっていることだと思うので、じっくり自分を見つめ直すことが大事です。

　さらに、自分の行動に対して周りの人がどのように反応していたかを思い出してみるのも、自分の「持ち味」「らしさ」を知る方法の１つです。
　例えば、
　長くやっていても苦にならないことだったり……
　自分にとっては当たり前なのに、「ありがとう」と感謝されたことだったり……
　「あなたらしい」と言われたことだったり……
　このような反応をされた瞬間を思い出してみましょう。それは、自分の「持ち味」「らしさ」が活かされているときです。きっと、「あなたの持ち味」、「あなたらしさ」が見えてくるはずです。人と比べての優劣ではなく、あくまでもあなたの考え方です。

自分のPRや長所って、そんなに
難しく考えなくてもいいんだ！

> ✐ ワーク：「あなたの持ち味」、「あなたらしさ」を思いつくままに書き出してみましょう。
>
> それが活かされた具体的な場面・経験も思い出して書いてください。
> その場面が思い浮かぶようにできるだけ具体的に書くことが大事です。
>
> | 「あなたの持ち味」「あなたらしさ」 | 具体的な場面、経験 |
> | --- | --- |
> | | |

「社会人基礎力」から考えてみる

あなたのチカラを、違う視点から考えてみましょう。

「社会人基礎力」という言葉を聞いたことがあるでしょうか。「職場や地域社会で多様な人々と仕事をしていくために必要な基礎的な力」として、経済産業省が 2006 年に提唱しました。

「前に踏み出す力」、「考え抜く力」、「チームで働く力」の 3 つの能力（12 の能力要素）から構成されています。

3 つの能力、12 の能力要素を全て身につけている人などいません。身についている要素もあれば足りないと感じている要素もあるはずです。それで OK です。

大事なことは、自分自身を客観的に捉え、今の自分をしっかりと見つめ直し、自覚することです。

では、31 ページの「社会人基礎力」ワークシートを活用し、今のあなたについて客観的に見つめてみましょう。

> ✎ **ワーク**（☞ p. 31「社会人基礎力ワークシート」を使用）
>
> 12 の能力要素について、自分にはどの程度身についているか、「自己評価」欄の「5」〜「1」から該当する番号を選んでください（「5」: 十分身についている、「4」: やや身についている、「3」: どちらでもない、「2」: あまり身についていない、「1」: ほとんど身についていない）。
>
> 　「自己評価の説明」欄に、どうしてそのように思うのか、これまでの行動・経験を思い出し、その理由も書いてください。

> ✎ **ワーク：「社会人基礎力」の 12 の「能力要件」の中から、自分が身につけられていると思う 3 つを選んでください。**
>
>

　2 つのワークを通して、あなたらしさ、持ち味、○○力や意識・態度、能力などがなんとなくでも浮かび上がってきたでしょうか？

　ではその中から「インターンシップで試してみたいチカラ」を 3 つ選んでください。

> ●
>
> ●
>
> ●

　この 3 つが、冒頭のインターンシップの定義にある、「その仕事に就く能力が自らに備わっているかどうか（自らがその仕事で通用するかどうか）を見極める」汎用的能力と考えていいでしょう。まずはこの能力をインターンシップ中に活用するよう意識してください。もちろんこの能力に限定する必要はありません。ただ、あれもこれもと焦点が定まっていないと、いったい何をどのように見極めていいのか分からなくなってしまいます。とりあえず、ここで書き出した能力を中心にあなたの能力を試してみてはどうでしょうか。

「専門能力」を考える

　ここまで、あなたのチカラのうち、「汎用的能力」について考えてきました。次に「専門能力」について考えていきましょう。

　「専門能力」は、これまで大学で学んできた専門分野についての知識や能力です。理系の学部であれば、情報技術、機械、電気・電子、応用化学、生命科学……というように、専門能力は分かりやすいと思います。

　人文・社会系の学部の人は、自分の専門知識をインターンシップで活かすイメージがなかなか湧きにくいかもしれません。専門的な知識と言われても「○○の授業は取ったことはあるけれど……」くらいですよね。「インターンシップで活用できる専門能力は？」と聞かれても戸惑ってしまう人の方が多いと思います。

　例えば、あなたが文学部で日本の中古文学を専攻し、「源氏物語」を学んだとしましょう。「源氏物語」の知識そのものはさすがに仕事に直接活かせることはあまりないと思います。古典文学を教える国語教師のような専門職種であれば活用できるでしょうが、むしろ例外的ですね。

　では、「源氏物語」を学んで培った専門性はまったく仕事で役に立たないのでしょうか？
　答えは No です。

　「源氏物語」を学ぶことを通して、これまでの解釈を違う観点から考える「批判的思考」、論理に矛盾がないか考える「論理的思考」、文献や Web サイトから情報を収集し、取捨選択する「情報収集・解釈力」といった力が身についているはずです。それらの力を使って、レポートを書いたり発表を行った経験もあるのではないでしょうか。

　それらは必ずしも古典文学そのものの専門知識とは言えないかもしれませんが、仕事をする上ではとても重要な専門能力です。

　経営学部、経済学部、法学部……考え方はどの専門分野でも同じです。あなたが学んできた、専門知識そのものと、その専門知識を学ぶことを通して身についたチカラ、これらをトータルで考えてみましょう。

> ✏️ **ワーク：大学で学んだ専門能力**
>
> あなたの専門能力・知識そのものと、それらを学ぶことを通して身についたチカラを書き出してみましょう。少しでもそう思うのであれば遠慮することなく書いてください。

■ それでもワークで何も書けなかったあなたに

「大学ではほとんど何も勉強してこなかったので、書くことがないんです……」という人も、なかにはいたかもしません。もし今、そう思っているのであれば、これからでも遅くはありません。**何か 1 つでも書けるように勉強をしてください。**反省はいくら繰り返しても反省にしかなりません。勉強してこなかった過去はどうにもなりません。だから、あなたが考えるべきは「これからどうするか？」ということです。今、そのことに気づいたのはラッキーです。そのチャンスをこれからのあなたに活かさないのはもったいないと思います。

■ インターンシップで試したいあなたのチカラ

インターンシップで試したいあなたのチカラを「汎用的能力」「専門能力」に分けて考えてきました。最後に、2 種類の能力をトータルで考え、どのようなチカラを試したいのか（見極めたいのか）、3 つあげてみましょう。

> ●
> ●
> ●

自分のチカラが仕事で通用するか、試してみるぞ！

第 2 章のまとめ

▶インターンシップは練習試合。あなたのチカラがどのくらい通用するのかを試し、何が足りていて、何が足りないのか明確にする。

▶あなたのチカラを「見極める」ためには、自分にはどのような能力が備わっているのか、どのような能力を見極めたいのかをまず明確にしておく。

▶あなたの「持ち味」「らしさ」が強味になる。普段の何気ない行動を振り返ることによって見えてくる。それは他人と比べるものではない。

▶「専門能力」を専門知識そのものと、専門知識を学ぶことを通して身についたチカラのトータルで考えてみる。

■「社会人基礎力」自己評価

分類	能力要件（補足）	能力要件	具体的な行動	自己評価 十分身についている ←→ ほとんど身についていない					自己評価の説明 （評価の根拠となる 行動・経験）
				5	4	3	2	1	
前に踏み出す力	・一歩前に踏み出し、失敗しても粘り強く取り組む力 ・指示待ちにならず、一人称で物事を捉え、自ら行動する力	主体性	物事に進んで取り組む	○5	○4	○3	○2	○1	
		働きかけ力	他人に働きかけ巻き込む	○5	○4	○3	○2	○1	
		実行力	目的を設定し確実に行動する	○5	○4	○3	○2	○1	
考え抜く力	・疑問を持ち、考え抜く力 ・自ら課題提起し、解決のためのシナリオを描く、自律的な思考力	課題発見力	現状を分析し目的や課題を明らかにする	○5	○4	○3	○2	○1	
		計画力	課題の解決に向けたプロセスを明らかにし準備する	○5	○4	○3	○2	○1	
		創造力	新しい価値を生み出す	○5	○4	○3	○2	○1	
チームで働く力	・多様な人々とともに、目標に向けて協力する力 ・グループ内の協調性だけに留まらず、多様な人々との繋がりや協働を生み出す力	発信力	自分の意見を分かりやすく伝える	○5	○4	○3	○2	○1	
		傾聴力	相手の意見を丁寧に聞く	○5	○4	○3	○2	○1	
		柔軟性	意見の違いや立場の違いを理解する	○5	○4	○3	○2	○1	
		状況把握力	自分と周囲の人々や物事との関係性を理解する	○5	○4	○3	○2	○1	
		規律性	社会のルールや人との約束を守る	○5	○4	○3	○2	○1	
		ストレスコントロール力	ストレスの発生源に対応する	○5	○4	○3	○2	○1	

2

コラム　あなたはどちらの学生になりますか？

　私がかつて企業に勤めていたときの経験です。

　その企業では毎年、インターンシップの学生を受け入れてきました。2週間（10日間）のプログラムが多かったのですが、その間、ほとんど言葉を交わさない学生が少なからずいました。

　月曜日の朝の朝礼です。インターンシップの初日を迎えた学生が紹介され、自己紹介をしてもらいます。

　「おはようございます。〇〇大学の△△と申します。……」

　初日の朝、職場で紹介され、自己紹介させられることは、事前に予想がつくはずです。それなのに「どうして準備をしてこない？」「もう少し気の利いた自己紹介ができるだろうに……」と思ってしまう学生がいました。

　私は、そのような学生への関心が一気に消え失せていきました。

　実際、そのような学生は、挨拶もイマイチ、やるべき業務も不十分、やる気もあまり感じられず、「この学生は何のために来ているのだろうか？」と思ってしまいます。

　このような学生とは2週間、まったくといっていいほど会話をすることはありません。私の仕事は他にあり、そのような学生と関わることは時間の無駄だからです。

　反対に今でもよく覚えている学生がいます。大学2年生の学生でした。社員とのやり取り、取り組む姿勢や行動をみて「この学生はなかなか面白そう」と思ったのです。

　担当する社員に、「一日、〇〇さんを私に預けてくれない？」とお願いしました。そのころ私は大学生向けのコミュニケーションのテキストを作っていました。そのテキストを読んでもらい、学生の視点から分かりづらい点を指摘してくれるように頼みました。なるほど、学生でないと気づかない点を見事に、分かりやすく指摘してくれました。

　そのテキストは某TV局のアナウンサーと一緒に作っていたので、打ち合わせにその学生を連れて行き、アナウンサーに直接、改善した方がいい点を伝えてもらいました。そのアナウンサーも「なるほど〜」と、とても感心してくれ、普段は入ることのできないスタジオなど放送局内を見学させてくれました。

　その学生は「テキストは常に正しいものだと思っていたので、内容を指摘するなんて初めての体験だったし、アナウンサーに直接それを言うなんて、そんなことしていいのだろうかと思った」、「普通の学生では経験できないことをさせてもらって、本当にインターンシップに参加してよかった」と言っていました。

　この違いです。周りの社員にまったく関心を持たれない学生、なかなか経験できないことをさせてもらえる学生。前者になるか、後者になるか、あなたしだいです。インターンシップに行けば、自分は何もしなくても会社が色々とやらせてくれるだろうと思っていたら大間違いです。

第3章

あなたのチカラを
インターンシップで試す

あなたは自分の持っているチカラをインターンシップでどのように試してみたいと思いますか?
自分のチカラの活かし方を考えるためには、事前にインターンシップ先の企業についてしっかりと調べ、どのような業務に携わるのかイメージを持っておくことが大事です。

▶インターンシップ先の企業、業界についてしっかりと調べる

▶インターンシップで、どのような就業体験（実務）をするのか具体的にイメージする

▶自分のチカラを、就業体験でどのように試してみるのか、具体的にシミュレーションする

あなたのチカラをどのように試すのか？

　第 2 章ではインターンシップで活用してみたい「汎用的能力」「専門能力」について考えてきましたが、少しでも具体的なイメージが持てたでしょうか？

　次に考えることは、**なんとなくであっても見えてきたあなたのチカラ、「汎用的能力」「専門能力」をインターンシップでどのように試すのか？** ということです。

　ここでもう一度、インターンシップの定義を確認してみましょう。

　「学生が、その仕事に就く能力が自らに備わっているかどうか（自らがその仕事で通用するかどうか）を見極めることを目的に、自らの専攻を含む関心分野や将来のキャリアに関連した就業体験（企業の実務を体験すること）を行う活動（但し、学生の学修段階に応じて具体的内容は異なる）」

　第 2 章に引き続き、前半に書かれている「学生が、その仕事に就く能力が自らに備わっているかどうか（自らがその仕事で通用するかどうか）を見極めることを目的に……」の「**見極めることを目的に**」という部分に注目してみましょう。

　「自らがその仕事で通用するかどうかを見極める」には、インターンシップ先であなたのチカラを実際に試さなければなりません。

　そのために、

　①**インターンシップに行く企業やその業界を調べ**

　②**インターンシップでどのような業務に携わるのかを具体的にイメージする**

必要があります。

インターンシップに行く企業とその業界を調べる

　就職活動では業界研究・企業研究をすることはとても大切です。インターンシップにおいても、あなたが行く企業について調べておくことは大前提となります。そもそも、お世話になる企業についてしっかりと調べていないということは、その企業に対して失礼になります。

　第2章では、インターンシップで活用してみたい自分のチカラについて考えてきましたが、これは「**自分を知る**」ということです。これに対し業界・企業研究とは「**相手を知る**」ということです。自分を知って、相手も知る。この両輪を回していくことによって、あなたが行く業界・企業においてあなたのチカラの活かし方が見つかるはずです。

　「業界（業種）」とは、金融業界、メーカー業界、旅行業界、流通・小売業界、ソフトウェア・通信業界……といった、**同じ商品やサービスを取り扱っている企業の集まり**です。

　あなたがインターンシップで行く企業は、どの業界にあたるでしょうか？　ホームページ等で調べて確認してください。

　どの業界にあたるのか確認できたら、その業界について調べます。調べる方法としては、Webでの検索が中心になるでしょうが、業界団体のホームページもぜひ参考にしてください。業界によっては「○○業協会」「○○業界団体」などといった、その業界の企業が加盟している団体があります。その団体のホームページでは、業界の概況など最新の情報をタイムリーに入手できるという利点があります。また、『○○業界の△△』といったタイトルのついた“業界本”や『業界地図』といった就職活動をしている学生に向けた書籍も毎年、複数の出版社から発刊されています。各業界の動向や特色に加えて、その業界で働く場合の具体的な職種などについても解説されているので、このような書籍を参考にするのも1つの方法です。各業界の動向だけでなく、多くの業界の全体の流れも把握できるでしょう。

　以下のワークシートに調べたことを書いてみましょう。分からない点があっても構いません。まずは業界全体の構造や動向を大まかに把握してください。

業界・企業の調べ方を知っておくことは、就職活動にも役立ちそう!!

> ✎ **ワーク：インターンシップに行く企業の業界について調べたことを書きましょう。**
>
> | あなたがインターンシップに行く企業の業界 |
> |---|
> | |
>
> | ビジネスモデル（「誰に・何を提供し、どのように収益を生んでいるか」という基本的な仕組み） |
> |---|
> | |
>
> | 最近のニュース／トレンド・課題 |
> |---|
> | |
>
> | その他、調べて分かったこと |
> |---|
> | |

　業界について調べたら、次はあなたがインターンシップに行く企業について調べましょう。調べる方法としては、まずはその企業のホームページをしっかりと確認してください。企業がアピールしたい点、その企業からのメッセージがもっとも端的に表現されています。企業によっては、先輩社員のインタビューを掲載していることもあります。気になる職種や、心に響いたり、共感した先輩社員の言葉などがあればメモしておきましょう。

　採用ページがある場合はそちらもチェックしておいてください。求める人物像、仕事内容の詳細、福利厚生、給与等の条件が説明されていることが多いです。

> ✎ **ワーク：インターンシップに行く企業について調べたことを書きましょう。**
>
> | 企業名 | |
> |---|---|
> | 業界 | |
> | 本社所在地 | |

支店・事業所	
設立	
資本金	
社員数	
売上高	
平均年齢	
企業理念	
事業内容	
魅力に感じる点	
その他	

具体的な業務をイメージする

　業界、企業について理解を深めたら、それをベースにインターンシップ中どのような業務に携わるのか具体的にイメージしてみましょう。

　インターンシップ先の企業では、「**職場での就業体験（実務）を必ず行うこと**」になっています。実務とは具体的な業務です。

　新しくなったインターンシップの実施期間は、「汎用的能力活用型」インターンシップでは5日間以上、「専門活用型」インターンシップでは2週間以上となっており、実施期間の半分を超える日数は職場で就業体験を行うことが課されています。そして、受入企業は就業体験の内容を事前に明示することになっています。

　企業が明示している実務内容についての情報をもとに、**自分がどのような業務に携わるのか具体的にイメージし、シミュレーションする**のです。

　仕事をする上でも、シミュレーションはとても大事です。

　例えば、明日からインターンシップが始まるとします。前日の夜、何を考え、何を準備しますか？

初日は月曜日である場合が多いと思います。月曜日の朝は朝礼をする企業も多いでしょう。朝礼で「今日からインターシップ生として2週間、当社で就業実習する○○大学の△△さんです。では、△△さん、自己紹介をお願いします」と紹介されるでしょう。

初日に自己紹介をさせられることは、少し考えれば分かることです。「えっ、急に自己紹介って言われても……。」

これではマズいですよね。「まったく何も準備をしてきていません」と言っているようなものです。

「明日、営業同行に連れて行ってあげるから」「明日、○○の現場の見学に連れていってあげるから」「明日は、○○という仕事を任せようと思っているから」

社員からこのように言われたら、どのような場面に出くわし、どんなことが起こるのだろうか、何を準備しておくべきなのだろうかと考えておくことが大事です。

「営業同行に行く車の中で、社員の人とどんな会話をしようか、どんなことを聞いてみようか？」「相手のお客さんはインターンシップ生の私にどんな質問をしてくるだろうか？」「○○という現場では特に何を観察したらいいのか？ どのような働き方をしているのだろう？」

事前に考えることはたくさんあります。

何も考えずにボーっとその場を迎えることは避けなくてはいけません。**何が起こるのかシミュレーションをするのです。**

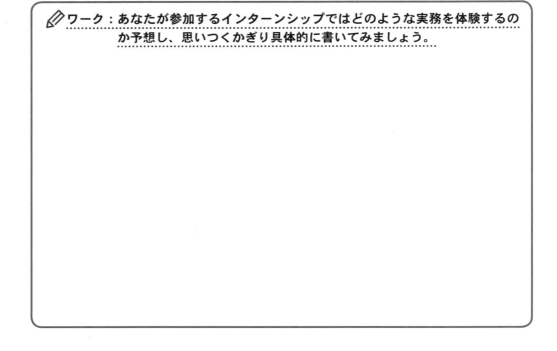

🖉 **ワーク：あなたが参加するインターンシップではどのような実務を体験するのか予想し、思いつくかぎり具体的に書いてみましょう。**

> ✏️ **ワーク：第2章で考えた、「インターンシップで試したいあなたのチカラ（「汎用的能力」「専門能力」）」を、具体的にどのような場面で試したいと思いますか？ 文章にまとめてみましょう。**

第3章のまとめ

▶お世話になるインターンシップ先企業についてしっかりと調べていないことは相手に対して失礼になる。

▶インターシップ先企業の業界について調べる。業界とは、同じ商品やサービスを取り扱っている企業の集まりのこと。

▶インターンシップ先企業については、まずはホームページをしっかりと確認する。

▶インターンシップ先企業では、「職場での就業体験（実務）を必ず行うこと」になっている。企業が明示している就業体験の内容を確認し、自分がどのような業務に携わるのか具体的にイメージする。

▶仕事をする上でも、シミュレーションはとても重要。何が起こるのかシミュレーションをしっかり行い準備をしておく。

▶インターンシップで試したいチカラ（「汎用的能力」「専門能力」）を、具体的にどのような場面で試したいのか、自分の言葉でまとめておく。

3

コラム　つまらない仕事はない

　A君は、誰でも知っている有名なテーマパークのインターンシップに行きました。ずっと憧れていたテーマパークです。期待に胸を膨らませて参加しました。しかし、そこでやらされたのは皿洗い。団体客専用のレストランでの食器の片づけが1週間続いたのです。1週間後、「何で皿洗いなんかしないといけないのか。せっかくテーマパークに来たのに、これじゃあアルバイトの仕事と変わらない。もう行ってもしかたないので辞めようと思う……」と私に言ってきました。A君の面倒を見てくれていたテーマパークの担当者にそのことを伝えると、A君にこのように言ったのです。

　担当者「A君、うちのテーマパークで使っている食器はどこのメーカーのものだか分かる？」

　A君「……」

　担当者「この1週間、キミはどんなことを考えながら仕事をしていた？　何にも考えないで仕事をしていたんじゃない？　そんな意識で仕事をする人間を、大切なお客様の前に出すことなんてできないよ」

　A君は、この言葉を投げつけられて、頭をハンマーで叩かれた思いがしたと言っていました。仕事とは何なのかに気づいた瞬間です。

　その後、自分の仕事に対する姿勢をしっかりと見つめ直し、どんな仕事でも考えながら前向きに取り組むようになりました。その姿を見て、最後にはお客様の前に立つ仕事を任されたのです。

　「つまらない仕事はない」ということです。どんな仕事にも意味があるのです。その意味を見出し、取り組む姿勢を変えるだけで、同じ仕事でもまったく違うものとして見えてきて、多くを学ぶことができます。

　アメリカ大リーグで活躍している大谷翔平選手は、毎日のように素振りをしているはずです。「素振りってつまらない練習だよね」と言って手を抜いているとは、私には思えません。大谷選手のようなスーパースターであっても気の遠くなるほど単調な基礎練習を繰り返しているはずです。単調な仕事を繰り返すことによって、自らの成長につながっていきます。

　見方を変えることによって、あなたが向き合う仕事はまったく違うものとして見えてくるでしょう。

第**4**章

インターンシップで
さらに成長する

これまで考えてきたことをまとめ、事前準備を仕上げます。
さらに、インターンシップで成長するためには、具体的な問いや仮説を
持って参加することが重要です。
その問いや仮説を検証することによって、あなたがこれからの大学生活
で取り組むべき新たな課題が見つかってくるかもしれません。

▶これまで考えてきたことを自己紹介に反映させる

▶インターンシップで確認すべき項目を設定し、自らの仮説を立てる

▶「学習計画書」を完成させる

　第１章では「インターンシップに参加する目的・目標」、第２章では「あなたにはどのようなチカラがあるのか」、第３章では「あなたのチカラをインターンシップでどのように試すのか」について考えてきました。

　この章では、まずはじめにこれまで考えてきたことを反映させた自己紹介を作ってみます。

自己紹介を準備する

　インターンシップ初日には必ずと言っていいほど自己紹介をさせられます。しかし、しっかりした自己紹介を準備してくる学生はそう多くはありません。

　「○○大学経営学部３年の△△です。趣味は本を読むことで、特に推理小説が好きです。大学１年生から地元のドラックストアでアルバイトをしています。これから２週間全力で頑張りますので、どうぞよろしくお願いいたします。」

　インターンシップ先の社員は、この自己紹介を聞いて、どのように思うでしょうか？

　「自己紹介」とは、文字通り、「自己＝自分」を紹介することです。「自分のこと」とは、趣味、アルバイト、最近ハマっていること等、人柄が分かるような内容ですね。

　しかし、それだけでは不十分です。

　あなたの「やる気」を伝えなければいけません。

　そのために「インターンシップに参加する目的・目標」と、「あなたにはどのようなチカラがあり、インターンシップでどのように試したいのか」。この２点を自己紹介でしっかりと伝えてください。

　第１章でも伝えたように、インターンシップに参加する目的・目標は周りの人と共有することが必要です。初日の自己紹介は絶好のチャンスです。

　そして、自己紹介できちんと伝えることで、「この学生はしっかりと準備してきたな！」とあなたのやる気を社員の方々は感じてくれます。

　初日の自己紹介は決定的に重要です。あなたの第一印象が決まるといっていいでしょう。

　「あなたは、やる気がありますか？」と聞かれたら、どのように答えますか。

　「もちろんです！　やる気はあります‼」と答えるでしょう。

　しかし、やる気はあってもしかたありません。

　やる気は「ある」のではなく、「見せる」のです。

　せっかく内に秘めたやる気があっても、周りの人から「この学生はやる気があるんだろうか……？」と思われたら悔しいですよね。もったいないですよね。

　やる気を見せるというのは、大きな声で挨拶する、指示されたことをしっかりやる、といった態度や姿勢だけではありません。

　就職活動のエントリーシート、面接において志望理由は必ず聞かれます。

　「当社に入社したい理由は何ですか？」という質問です。

　その会社に入社したいという“熱意”、自分はどうしてもこの会社に入りたいんだという意気込みを伝えるにはどうしたらいいでしょうか？

　大きい声で熱く語る、入社したいと何度も言う……どちらも違います。

　“熱意”はどれだけ時間をかけ、労力を費やし準備をしてきたのかで伝えるのです。

　面接の前の日にホームページをサーッと見て30分くらいで考えてきた志望理由と、1か月かけて業界・企業についてあらゆる方法でとことん調べ考えてきた志望理由では、その違いは一目瞭然で分かります。

　なぜなら、あなたの志望理由を聞いているのは、その企業の社員だからです。あなたは、その企業で働いている社員に対して「その企業で働きたい理由」を話しているのです。社員であれば自分の会社のことは、良い点も悪い点も含め、たいていのことを分かっています。

　その社員に、「御社の魅力は〇〇で……」「御社の今後の事業の展開は……」と、会社説明会で聞いたようなことや、ホームページやパンフレットに書いてあるようなことばかりを話したところで、「たいして調べもせずにここに来たんだな」と思われるだけです。**きちんと準備をしてこない学生から“熱意”は感じられません。**

　私も企業に勤めていたとき、毎年、かなりの数の採用面接をしていました。

　「そんなことまでよく調べてきたね、どこで調べてきたの？」と思わずこちらが聞い

てしまうような学生に出くわすことがありました。社員ですらあまり知らないようなことまで調べてくるのです。

「きっとこの学生はかなり時間をかけて色々と調べてきたんだろうな。大変だったろうに」と、そのような学生に出会うと素直に嬉しいし、「本当にうちの会社に入りたいんだな」と思ってしまいます。

インターンシップ先での自己紹介も同じです。前日の夜に10分くらいで考えた自己紹介と、2週間かけて考えた自己紹介では、聞いている側が分かります。

たかが自己紹介、されど自己紹介です。

「インターンシップに参加する目的・目標」、「あなたにはどのようなチカラがあり、インターンシップでどのように試したいのか」について、しっかり考えてきたのだということ、どれだけ準備してきたのか、それを伝えるのです。

それが、自己紹介でやる気を見せる、ということです。

緊張してうまく話せなくても大丈夫！ 気にすることはありません。大事なことはしっかり準備してきたということです。大きな声で、思い切って話してください。しどろもどろになっても、聞いている社員の人たちはあなたの思いを感じ取ってくれるはずです。たいした準備もしていない話をペラペラ上手に話す学生より、よほど好感を持ってくれます。

自己紹介の長さは、1〜2分です。1分間に話す適切な文字数はおよそ300字と言われているので、450〜600字程度でしっかりとまとめてください。あなたを見る周りの目が変わるはずです。

【自己紹介に入れる項目】
・大学で学んでいること、趣味、サークル等、あなたの人柄が分かる内容
・インターンシップに行く企業を選んだ理由
・インターンシップに参加する目的・目標
・自分にはどのようなチカラがあり、どのように試したいのか

自己紹介をしっかり準備して、やる気を伝えるぞ!!

✎ **ワーク：自己紹介をまとめてみましょう。（450 〜 600 字程度）**

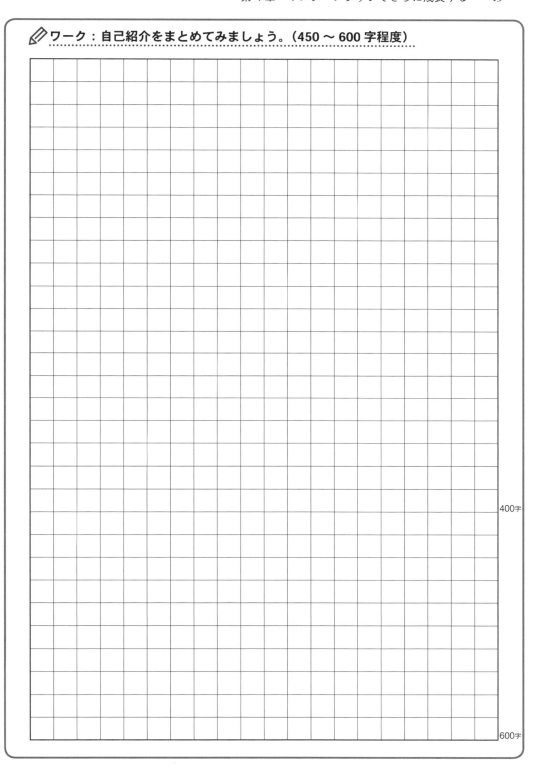

400字

600字

「あなたを採用したい！」と言われるために

新しくなったインターンシップでは、「採用活動開始以降に限って、学生情報を活用することが可能」となりました。インターンシップと採用活動のつながりが強くなったのです。

私はこれからインターンシップに参加する学生に「『あなたを採用したい』と言われてきなさい‼」と言っています。正式な内定を獲得してこい、ということではなく、そのくらい高く評価されることを目指して頑張ってきて欲しい、という意味で言っています。

「あなたは採用したくないです」と思われるよりはるかに嬉しいですよね（もちろん、「採用したい」と言われても実際に入社する必要もないし、選考で落とされる可能性だってあります）。

では、会社にとって「採用したい人」とはどのような人なのでしょうか？

主体性がある、コミュニケーション能力が高い、行動力がある、チャレンジ精神がある、元気で明るい……。

これらはもちろん会社にとって好ましい人材像ですが、もっとシンプルに言うと、「採用したい人」とは、次のような人です。

その会社で仕事ができそうな人。
一緒に働きたいと思える人。

業界、企業ごとに仕事のできる人の能力、タイプに若干の違いはあるでしょうが、本質的な部分は同じです。

「採用したい」と思われなかった人は、運が悪かったのではなく、その会社で仕事ができる人ではない（と思わせてしまった）、一緒に働きたくない（と思わせてしまった）ということです。

「仕事ができる人」「一緒に働きたいと思える人」とはどのような人でしょうか？ 考えてください。

✏️ワーク：「仕事ができる人」「一緒に働きたいと思える人」とはどのような人でしょうか？

共通する要素があっても構わないので、最低でもそれぞれ 3 つはあげてみましょう。

【仕事ができる人】

【一緒に働きたいと思える人】

　ここで大事なことは、「仕事ができる」「一緒に働きたいと思える」人物像がどのようなものか、**しっかりと自分の仮説（考え）を持つ**ということです。それが正しいかどうかということではなく、**自分の仮説を持ってインターンシップに参加する**のです。そうすると、恐らく数日間であっても社員の仕事をしている様子を見ていれば、学生のあなたでも、きっとなんとなく「この人は仕事ができそうだな」ということを感じると思います。

　それに気づくか気づかないかは、問題意識を持って観察しているかどうかです。何も考えず、ボーっと職場を見ていても「みんな、忙しそうだな……」くらいの感想で終わってしまいます。そのような過ごし方をしていると、逆にあなたも社員から「やる気のなさそうな学生だな」と見られていると思ってください。

　インターンシップに行って、自分の仮説を検証するのです。自分の仮説の正しさや間違いを確認するだけでなく、社会人にはこんなところも必要なんだなと新たな発見もあるはずです。

　そして、あなたが考える「仕事のできる人」「一緒に働きたい人」の人物像（要件）を明確にし、自分の足りている部分をさらに伸ばし、足りていない部分を補っていけるよう、その後の大学生活を過ごすのです。

問題意識を持つことで、いろんなことが見えてくるんだな!!

インターンシップで何を確認し、観察するのか？

「仕事のできる人」「一緒に働きたい人」について、仮説を立てみました。仮説を立てることについて、「営業」という仕事を例に、もう少し考えてみましょう。

なぜ「営業」という仕事を例にするかというと、新卒で入社する学生、特に文系の学生は営業職に配属されることが多いにもかかわらず、私が見る限り、「営業だけはやりたくない」という学生も多いように感じるからです。

・ノルマが厳しく仕事が辛そう
・押し売りのように無理やり買わせる仕事
・しゃべりがうまく、言いたくもないことを言わなくてはいけない
・朝から晩までヘトヘトになって売り歩く

営業という仕事に対してこんなイメージを持っているかもしません。確かに、こんな仕事であれば、誰だってやりたくないですよね。でも本当にそうなのでしょうか？

皆さんの中でも入社して営業職につく人は少なくないはずです。インターンシップで営業に同行させてくれる機会があるかもしれません。

営業とはどのような仕事なのか、あなたの仮説を立ててみましょう。

> ✎ **ワーク：営業とはどのような仕事なのか仮説を立ててみましょう。**
>
>
>
>
>
>
>

インターンシップで営業職の社員と話したり、営業の仕事を体験する機会があったら、ここで立てた仮説を検証してみましょう。そして、上に書いたような営業へのイメージが本当に正しいのか、確認してみてください。

ここまで「仕事ができる人」、「一緒に働きたい人」、「営業の仕事」について仮説を考えてみました。それ以外に、インターンシップでしか確認できないこと、観察できないことは、他にもいくつもあります。

✎**ワーク：あなたがインターンシップ中に確認・観察したいことを、以下の例も参考に３つあげてみましょう。**

　例えば、以下のようなテーマが考えられます。
・福利厚生とはどのような制度なのか
・アルバイトの仕事と社員の仕事の違い
・働きやすい職場環境とは
・社風や社内の人間関係は入社前に分かるのか

確認・観察したいこと①

テーマ：
【このテーマを考えた理由とあなたの仮説】

確認・観察したいこと②

テーマ：
【このテーマを考えた理由とあなたの仮説】

確認・観察したいこと③

テーマ：
【このテーマを考えた理由とあなたの仮説】

4

インターンシップ先の職場をよく観察する

　就職活動の企業選択で「社風」を重視する学生はとても多いです。しかし、社風は実際に職場に入り、見て、感じないと分かりません。社風は、そこで働く社員の態度や行動、経営者の考え方がにじみ出ています。

　皆さんは、インターンシップで職場に入るという貴重な機会を得るのですから、社風とはどのようなものなのかしっかり感じ取ってきてください。複数のインターンシップに参加する人も多いと思います。会社同士を比較することによって、社風の違いをより感じ取ることができるはずです。

　以下の点を参考に、インターンシップ先企業の職場について観察してきてください。

■社内の掲示物を見てみよう

　社内にはポスター、お知らせなどが掲示されていることが多いです。その内容から会社の方針や取り組みを知ることができます。「理念」や「社訓」、「挨拶」や「感謝」などを大切にしている掲示物からは、経営者が社員に求めている行動や考え方を知ることができます。営業方針や各種キャンペーンに関する掲示物からは、重視している戦略なども理解できるでしょう。

■洗面所や休憩室を見てみよう

　洗面所や休憩室はプライベートな空間であるため、そこで働く社員の意識や態度がもっとも表れやすい場所です。きれいに使われているか、整理・整頓ができているか、他の社員に配慮しながら使われているのかを見ることで、経営者や社員の心構えを感じ取ることができると思います。

　また、社員の机の上に書類が丸見えの状態で置きっぱなしになっていないか、お客様を迎える受付に清潔感があるかなど、細かな点にも注意をはらって見てみましょう。

■社員同士の会話を聞いてみよう

　上司と部下、先輩と後輩など様々な関係の社員同士の会話を聞き、敬語の使い方やそのときの表情などを観察してみましょう。日頃の社内の雰囲気を感じることができるはずです。部下が上司を呼ぶときに「部長」「課長」と役職名で呼ぶのか、「○○さん」と呼んでいるのかによっても、上下関係を重視している社風かどうかが感じ取れるかもしれません。

　その他にも職場で観察できることはいくつもあります。どのような点を観察したいのか事前にリスト化しておくといいでしょう。

「インターンシップ学習計画書」を完成させる

　第１章で、企業で働く社員は、大きな経験を伴う重要な仕事をする場合、必ず「企画書」を作成することを説明しました。

　皆さんも、インターンシップという大きな経験を伴う重要な仕事に取り組むわけですので、事前学習の仕上げとして「企画書」を完成させましょう。

　ただ、「企画書」ではあまりにもビジネスっぽい感じがしますし、皆さんは大学生ですので「インターンシップ学習計画書」と呼びましょう。

　「インターンシップ学習計画書」を完成させるために必要な項目はこれまでの章で全て考えてきました。可能であればインターンシップに行く前に受入企業の担当者にこの計画書を見せながらプレゼンテーションをし、フィードバックをもらい、さらにブラッシュアップできるといいです。

　もしそれが無理であれば、インターンシップの初日にプレゼンテーションさせてもらうといいですね。事前にお願いし、そのような機会を設けてもらうようにしましょう。

　ここでは PowerPoint でまとめることを想定しています。もちろん、Word 等それ以外の方法でまとめてもらっても構いません。

「インターンシップ学習計画書」

❶**表紙**〈1 枚〉

❷**自己紹介**〈1 枚〉

　自分の人柄が分かるような内容のみで OK。

❸**インターンシップ参加の目的**〈1 枚〉⇒第１章

　何のために参加するのかを説明する。

❹**インターンシップ参加の目標**〈1 枚〉⇒第１章

　インターンシップを終えたときに、どのステップまでクリアしていたいのか、目指している到達点を示す。

❺**インターンシップで携わる具体的な業務**〈2 枚以内〉⇒第３章

　インターンシップ先企業について調べ、どのような業務に携わるのか具体的に想定（シミュレーション）する。

❻インターンシップで携わる具体的な業務で試したい汎用的能力、専門能力〈2枚以内〉⇒第2章

　その能力を活用したい理由、その能力を身につけている根拠も示す。

❼汎用的能力、専門能力を具体的にどのように活用したいのか（できるのか）〈3枚以内〉⇒第3章

　どのような場面で、どのように活用するのか具体的に想定（シミュレーション）する。

❽その他、インターンシップ中に確認・観察したいこと〈2枚以内〉⇒第4章

　検証したい仮説、就業期間中に実行する具体的な行動を示す。

インターンシップの事前準備のまとめとして

　「インターンシップ学習計画書」の項目をしっかり考え、自分の言葉で表現するだけでも事前準備としては十分です。恐らく、ここまでしっかり準備をしてくる学生は少ないと思います。だからこそ、**あなたは他の学生より高く評価され、他の学生ではできないような経験をさせてもらい、より多くの学びと成長を得るはず**です。しっかり準備をするには時間も労力もかかりますが、結果的に自分に良いことが起こるのです。

　そして、さらに学び、成長するために、次のことを意識してください。

自分の頭で本質を捉えていく

　インターンシップに行って、色々な人から指示、アドバイスをもらうでしょう。そこで忘れてはいけないのは「**言われたことだけきちんとやればいいのではない**」ということです。

　例えば、大学でのインターンシップの事前授業やインターンシップ期間中に「メモを取れ」と何度も言われると思います。「そんなこと、言われなくたって分かってるよ」と言いたくなるでしょうが、「そもそも、何のためにメモを取るのか？」ということを自分で分かっていなければ、メモを取る意味がありません。その意味が分かっていれば、メモを取る内容、ポイント、書き方が変わってくるはずです。

　インターンシップ中にも、社員から「○○をして」、「△△をしておいた方がいいよ」と言われることがあるはずです。

　「なぜそう言っているのか、なぜそう言ってくれたのか」、その本質を自分で考えることが大切です。

就職活動において「自己分析」はブームと言っていいでしょう。自己分析をすることには確かに意味がありますが、自己分析さえすれば内定が取れるわけではありません。

「就職活動はまず自己分析から始めないと」「自己分析をするといいらしい」という周りの声をただ鵜呑みにし、ひたすらやっている学生はとても多いです。やる意味を分かっていないので、自己分析することが目的になっており、その結果が活かされていないのです。私からすると、無駄に時間を使っているようにしか見えません。

自己分析の例からも分かるように、**本当にそれをやることに意味があるのか、あるとするとどのような意味なのか、何をするにもその本質を捉えていなければ、ただやらされているだけです。**

インターンシップ中に文書のコピー取りを頼まれたとします。それは、頼んできたその社員個人が保管するためなのか、お客さまにお渡しするものなのか、社内の会議で配布するためなのか、それぞれの目的によってコピーの取り方も優先順位も違ってくるはずです。

「コピーを取る」という作業は、全体の仕事の一部分です。頼む側はいちいちその目的まで説明しません。しかし、どのような単純作業であっても、その背景には必ず大きな目的があり、その目的にそって、一つひとつの作業が動いているのです。その目的、つまり本質の部分を意識して仕事をするのです。

お願いをしてきた社員にとっても、期待以上の意識で仕事に取り組んでもらえると嬉しいものです。そしてまた頼もうと思ってくれるはずです。頼まれたあなたも嬉しくなり、モチベーションも上がるのではないでしょうか。

何をするときにも、「それは何のためなのか？」を意識してください。

何のための仕事なのか、一つひとつ考えながらやらないといけないな!!

■事前学習の最後にもう一度、あなたはどうなりたいのですか？

このテキストの冒頭で、インターンシップを「内定を取る」ためだけに参加するのではなく、「あなたはどうなりたいのか？」「どのような人生にしたいのか？」を考えるチャンスにして欲しいと伝えました。

くどいようですが、もう一度聞きます。

あなたはどうなりたいのですか？　どのような人生にしたいのですか？

今思うことを書いてください。

```

```

　すぐに書けない人もいると思います。それで構いません。それを考えるためにインターンシップに参加するのです。そのためには、インターンシップ中、この問いを忘れないようにしてください。

　チャンスがあれば社員にも聞いてみてください。この問いは、大学生に限ったことではなく、むしろ社会人になってからの方が重要な問いであるかもしれません。

　社会人になっても、このような問いに向き合わず、その場しのぎ的に過ごして歳を重ねている人は少なくないでしょう。「こういう人になりたい」「こういう人にはなりたくない」という、ある意味厳しい眼差しで社会人を見るには、大学生であるあなたにとってインターンシップは最適の機会です。

　私は「夢はありますか？」「夢は何ですか？」という言い方があまり好きではありません。正直、私は「夢」を持ったことがほとんどありません。子どものとき、パイロットになりたい、サッカー選手になりたいというような、子どもならではの憧れのようなものは持ったこともあるのでしょうが、夢を持ったという記憶はほとんどありません。

　あなたも、これまでに何度も「夢はありますか？」「夢は何ですか？」と聞かれたことがあると思います。しかし、夢のない人にとって、その度に「夢のない自分はダメな人間だ」と嫌な思いをしたのではないでしょうか。「自分はダメだ」「自分はダメだ」と繰り返し自己嫌悪を抱かされる、夢のない人にとっては辛い質問だと私は思います。

　誤解をしないでください。「夢のあることが悪い」と言っているのではありません。私が言いたいことは「夢はなくても別にいいんじゃないの」ということです。「無理してまで、夢を持つ必要なんてないんじゃないか」ということです。もちろん、「夢に向かって頑張っている人」はとても素晴らしいし、羨ましくも思います。

　しかし、**夢は必ずしもなくてもいいと思うのですが、「自分はどうなりたいのか」**という想いは持っておくべきです。「夢」と「自分はどうなりたいのか」は違います。

　「夢」という言葉は、プロ野球選手になりたい、弁護士になりたい、世界を平和にしたい……という具体的でピンポイントなゴールイメージではないでしょうか？　そのため「夢を叶える」という言い方をし、「叶える」ことを大事にするのです。「これしかないんだ」と決めつけ、縛られてしまう息苦しさも感じてしまいます。

　一方、「自分はどうなりたいのか？」という問いは、ピンポイントのゴールではなく、もっと大きな方向性です。自分のこだわり、価値観、譲れないこと、といった「自分の根っこ」を出発点にしています。「自分の根っこ」を大事にしながら、右に行った方がいいのか、左に行った方がいいのか、大きな方向性を選択していくのです。

　「このテキストを手にとっているあなたへ」でも述べたように、それが「自分の人生の下書き＝キャリアデザイン」ということです。下書きですから、その時々の状況に応じて、描き直せばいいのです。夢を「諦める」、「挫折する」のではなく、描き直し、修正すればいいのです。

　インターンシップやその先にある就職活動は、自分の人生の下書きをする絶好のチャンスなのです。この意識を忘れずにインターンシップに参加してください。

4

> インターンシップに行く前に、「自分はどうなりたいのか？」をしっかり考えないと！

第4章のまとめ

▶ 「インターンシップに参加する目的・目標」、「あなたにはどのようなチカラが あり、インターンシップでどのように試したいのか」を自己紹介で伝えること で、あなたの“やる気”を見せることができる。

▶ 「採用したい人」とは、「仕事ができそうな人」、「一緒に働きたいと思える人」 である。どのような人であるか自分の仮説（考え）を持ってインターンシップ に参加する。

▶ インターンシップでしか確認したり、観察することができないテーマをはっき りさせ、自分の仮説を持って確かめてくる。

▶ 言われたことだけやればいいのではなく、なぜそう言っているのか、なぜそう 言ってくれたのか、その本質を自分で考えることで、社員からの評価も高くな りモチベーションアップにもつながる。

▶ インターンシップに参加する究極的な目的は、「自分はどうなりたいのか」を考 えることである。

コラム　同じことでもこんなに違う

　「三人のレンガ職人」という話を聞いたことがあるでしょうか。

　旅人が、ある町外れの道を歩いていると、一人の男がレンガを積んでいました。旅人は「ここで何をしているのですか？」と尋ねました。「見れば分かるだろう。レンガ積みだよ。朝から晩まで、暑い日も寒い日も、ここでレンガを積まなきゃいけないのさ」。

　旅人は少し歩くと、一生懸命レンガを積んでいる別の男に出会いました。「ここで何をしているのですか？」と尋ねると、「ここで大きな壁を作っているんだよ。この仕事のおかげで家族を養っていけるんだ」。

　旅人は、男に励ましの言葉を残し歩き続けると、楽しそうにレンガを積んでいる別の男に出くわしました。「ここで何をしているのですか？」と尋ねると、「俺たちは、歴史に残る偉大な大聖堂を造っているんだ！　ここで多くの人が祝福を受け、悲しみを払うんだ！　素晴らしいだろう！」と誇り高く答えました。

　この中で一番モチベーション高く仕事をしているのは、明らかに3番目の職人ですね。自分の仕事の意味が分かっていて、イキイキと仕事をしています。

　しかし、つまらない仕事にやりがいを持て、興味を持てと言われても、困りますよね。「毎日充実しています」と無理やり口にしても何の意味もありません。ましてや、企業で働いたことのない学生が、初めてやる仕事にやりがいを見出すのは難しいことです。

　そこで、あなたがインターンシップで行く企業の社員に、その会社で働く意義、仕事のやりがい、価値を聞いてみてください。これは学生であるインターンシップ生の特権です。新入社員であっても、入社後はなかなかそのような質問を先輩、上司に聞くことはためらわれます。

　さて、その社員は、3人のレンガ職人のどのタイプなのか？　あなたの働き方を考える大きなヒントになるはずです。

第 **5** 章

「信頼される」仕事の基本

失敗をしたときに、「いつかやると思っていた」と言われるのか、それとも「○○さんに限ってどうして」と言ってもらえるのか。「信頼される」というのは大変重要なことです。

信頼は、小さなことの積み重ねです。

信頼されるための仕事の基本を学び身につけましょう。

働くことをイメージし、実践できるよう準備を進めます。

第5章のねらい

▶信頼される第一印象を身につける
▶信頼される仕事の基本を知る
▶ビジネスにおける「時間」の重要性を理解する

　第1章（☞ p. 16）では、「信頼できる人」とはどのような人なのか考えてもらいました。自分がどのようなことを書いたのか、ここでもう一度振り返ってみましょう。

**　あなたは、インターンシップ先で、自分が信頼されると思いますか？**

　すぐに仕事ができて、「君なら信頼できる、この仕事を任せるよ」と言われることは難しいでしょう。第2章で整理した自分のチカラを発揮しながら、印象や行動で、信頼を積み重ねましょう。
　インターンシップにおいて、「一緒に働きたい」「○○さんなら信頼できる」と思ってもらうことは可能です。自分の働く姿を具体的にイメージして、インターンシップの実務に備えましょう。

　ここで、「信頼される」とは、「相手から『信頼できる』と思ってもらえる」という意味です。自分のひとりよがりにならないよう、相手を主語にして考え、行動することを意識しましょう。

「信頼できるね」と言ってもらえるように頑張ろう！

第一印象から「信頼」される

　社会に出ると、新しい出会いの連続です。現在ではオンライン上で出会うことも増えましたが、数多くの出会いのたびに、人は相手に対して第一印象を持ちます。

　学生の間は、「最初は最悪の印象だったよ」が笑い話で済みますが、社会人になると「実はいい人だ」と思ってもらうほどの関係性を築く時間もなく、「最悪な人だった」で終わってしまうことがあります。

　「信頼」される第一印象を目指し、印象管理の基本を学んでいきましょう。

印象管理

　印象管理とは「**他者に与える印象を作るための行動**」です。

　例えば、「話しやすい人」と思ってもらいたいのに、周りの人から「冷たそう」と言われてしまったとします。

　表情の乏しさや話し方の単調さが原因なのであれば、表情をもう少し豊かにして、もう少しリアクションをしてみよう、話し方に抑揚をつけ、ハキハキとしゃべってみよう……などと行動を変化させることで、印象も変化するはずです。こうした行動を印象管理といいます。次の３つのステップです。

　①あなた自身が見られたい印象を自分で理解し（こう見られたい）
　②相手にどのような印象を与えているのかを把握し（相手からはこう見える）
　③見せたいように自分の行動を管理する

　相手からどのような第一印象を持たれたいのか、言語化してみましょう。

　人から「見られる」意識を持ったことがなく、他者の目にどのように映っているのかを考えたことがなければ、難しいかもしれません。言語化してみることは、相手の視点を持つことにつながります。また、その印象を与えるためには、何をすべきか考えましょう。

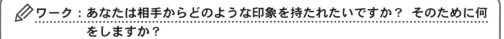
　ワーク：あなたは相手からどのような印象を持たれたいですか？　そのために何をしますか？

　自分が見られたい印象に近づけるよう、行動を変えていく「印象管理」は、社会人になっても「自己プロデュース」として行っていくものです。人から見られている意識を持ち、自分らしさを表現しましょう。

■ 第一印象のポイント

　自分らしさも大切ですが、感じの良い第一印象を持ってもらうため、**身だしなみ、表情、姿勢**の３つのポイントを確認しましょう。
　初めてのインターンシップは不安も多いでしょうが、「大丈夫そうだな」「信頼できそうだな」という印象を与えてスタートを切れるよう準備を整えましょう。

①身だしなみ

　身だしなみとオシャレとは、似て非なるものです。
　　　身だしなみ：「相手中心」の装い
　　　オシャレ：「自分中心」の装い
　誰を中心に考えるかが基準となります。「自分が良ければいい」ではなく、そこに相手への配慮が感じられるかどうか。ビジネス環境において（全ての年代、職業の方にとって）良い印象を持ってもらえるか考えることは重要です。

> **重要ポイント：清潔感**
> お風呂に入る、髪を洗う、といった客観的事実としての「清潔」と、相手にとっての主観的印象である「清潔感」は違います。自分がどのように見えているのか、清潔感はあるのか、を相手視点で意識しましょう。

　　☞**今後の社会人生活を考え、清潔感を感じさせるスーツの着こなしを確認しておきましょう。（ワークシート・参考資料 p. 71）**

　近年、企業において、多様性の尊重、地球温暖化といった様々な要因もあり、身だしなみの基準も大きく変わってきました。インターンシップにおいて、「ビジネスカジュアルで」「いつも大学に行くような格好で」と指定する企業も多くあります。実際に、企業面接で「学生にリクルートスーツを強要している会社と思われたくないため、絶対にスーツで来ないでください」と言われた、といった事例もあります。
　身だしなみの基準からも、企業姿勢を感じることができるのではないでしょうか。
　「とりあえずスーツ」ではなく、TPO（Time（時）、Place（場所）、Occasion（場面））に合わせましょう。「清潔感」を意識し、TPO に応じた身だしなみを心がけましょう。

②表情とアイコンタクト（☞ p. 72）

　表情豊かでよく笑う人と無表情で反応の分かりにくい人、相手の目を見て話す人と目を合わせない人、どちらの印象が良く、一緒に働きたいでしょうか？

　表情は第一印象の大きな割合を占めます。「笑顔」だけでも印象は大きくアップします。

　表情は笑顔だけではありません。相手の感情に合わせて、表情豊かに振る舞えていますか？

　コミュニケーションが苦手で、相手の目を見られない人は、まずは顔全体をぼんやり、眉間のあたり、鼻のあたり、などと少しずつ慣れていきましょう。

　毎日鏡の前で笑うだけでも良いので、表情筋を鍛え、柔らかい自然な表情や目線を身につけましょう。

③姿勢（☞ p. 72）

　立ち姿が美しいと、印象はまったく違います。

　基本的に洋服は正しい姿勢をしたときに、もっとも美しく見えるようにデザインされているものです。特にスーツをかっこよく着こなしている人は、姿勢が美しいです。

　エグゼクティブ（経営層や上位層）を対象とした印象指導でも、大きく印象が変わるのは立ち姿勢と歩き方です。日々の中で悪い習慣が癖づいてしまうと、誰からも注意されることもなく印象が悪くなってしまいます。今から正しい姿勢を身につけて、社会に出て多くの人に出会う中で、より良い印象を継続させていきましょう。

☞美しい姿勢を身につける練習をしましょう。（ワークシート・参考資料 p. 72）

　🖉 **ワーク：第一印象を意識して自己紹介をします。周囲から第一印象のコメントをもらい記入しておきましょう。また、自分の見られたい印象と比べての感想も書きましょう。**

①周囲からの第一印象

②自分の見られたい印象（p. 61）と比べて

仕事現場で「信頼」される

　ここではインターンシップの業務を具体的にイメージし、仕事の指示の受け方、報告・連絡・相談、挑戦と失敗への対応について予習します。

　新しい挑戦に失敗はつきものです。恐れずにやってみて、失敗から学び成長につなげましょう。準備をすることで失敗を防ぐこともできるはずです。自分の不安を解消するためにも、実際の業務をイメージして臨みましょう。

指示の受け方

　例えば、あなたは A さんから指示された作業をしているとします。その途中、B さんから「○○さん、仕事をお願いしても良いですか」と呼ばれました。どのように対応しますか？

　初めてのインターンシップでは些細（ささい）な一つひとつの行動に不安がつきまとうものです。ここでは、指示の受け方を整理します。

指示の受け方

① 返事をする

　呼ばれたら「はい」と返事をします。

　何かを頼まれていて忙しい場合も、返事をして状況を説明し、指示を仰ぎます。

②メモをとる

　ポイントだけで良いのでメモをとります。

　基本、指示は 5W2H（☞ p. 97）を意識して聞きます。特に、「何をするのか（What）」と「期限（When）」は重要です。

③最後までよく聞く

　途中で不明点が出てきても、まずは最後まで指示を聞きます。

④復唱確認をする

　自分の理解が間違っていないか、相互確認を行います。

　不明点があれば、この時点で質問します。

　名前を呼ばれたら、いったん手を止めて（止められない場合は待ってもらう）メモを持って、その方に指示を仰ぎましょう。どの仕事を優先するのか不明なときや、判断に迷うときは、状況を伝え、指示を仰ぎます。自分で考えることも大切ですが、勝手な判断は禁物です。

> **メモをする理由**
> （自分のため）
> ・忘れない、チェックできる
> ・確実な復唱確認ができる
> ・振り返りができる
> ・自分の成長を確認できる
> （相手から見ると）
> ・伝わっていると安心できる
> ・確実な仕事だと信頼できる

　多くの学生は、メモをする癖がありません。学生はよく「メモしなくても覚えられます」と言いますが、メモの意味は忘れないためだけではありません。

　まず、指示をしている人との相互確認の意味があります。メモをすることで、合っているかどうか復唱確認することができ、ミスの予防になります。指示をしている人も「ちゃんと聞いているな」と安心できます。逆に、メモしていないと、「大丈夫なの？」「覚える気がないの？」と誤解されることが多いです。自分自身を守るためにも、メモをしましょう。

　また、インターンシップにおいては、残したメモが自身の学びにつながります。メモを見返すことで、1 日の業務内容や、本当はどの優先順位でやるべきだったのか、次はどう改善すれば良いのか、などを振り返り、確認することができます。

　一つひとつの指示を覚えるためだけではなく、俯瞰的（ふかんてき）に 1 日を見直し、自分の成長を実感することにも役立つものになるのです。

報告の仕方

　「仕事は報告をして完了」 と言われます。受けた指示に従うだけではなく、終わったら必ず報告を行いましょう。「終わりました」の報告を行わないと、相手に「終わっていないのかな」「大丈夫かな」と心配をさせてしまいます。

　指示された仕事が終わったら、早めに報告を行うよう習慣づけましょう。

> ①指示を出した人に報告をする
> ②事実を正確に、簡潔明瞭に報告をする
> ③結論⇒理由⇒経過（⇒自分の意見）の順に報告をする

　求められたら自分の意見を伝えます。事実と主観を切り分け、悪い報告をするときには、言い訳にならないようにします。

⚠️ **要注意！　悪いときこそ早めの報告**

　「期限に間に合わない」「失敗しそう」というときに、「評価を下げたくない」「なんとか自分で修正できるかも」と、報告が遅れてしまいがちです。
　「悪いときこそ早めの報告」、これは絶対です。
　報告が遅くなればなるほど、トラブル対応や修正ができなくなります。早めに相談することで、周囲の方が助けてくれるものです。あなた一人のミスでは済まされなくなり、上司や会社に迷惑をかけることになる前に、相談をしてください。挽回のチャンスは必ずあります。

■ ホウレンソウ（報告・連絡・相談）

　チームで仕事をするためには情報共有は必須です。**報告・連絡・相談**、すなわち「**ホウレンソウ**」を徹底しましょう。

　自分で「これは共有しなくてもいいかな」と勝手に判断するのではなく、相手から「もうそこまではいいから」と言われるまで、という指標で考えてください。
　指示されたときには完了したら報告（途中経過の報告も重要）、必要なときには関係者全員に連絡、迷ったときには自分なりに考えてから相談をしましょう。

報　告	与えられた任務の経過や結果について「報告」する
連　絡	必要とする関係者にもれなく「連絡」する（予期せぬこと、状況の変化など）
相　談	判断に迷い対応に困る場合や、参考意見やアドバイスが欲しいときに「相談」する

　仕事だけではなく、通常の学生生活でもホウレンソウは基本です。先生や友達に悩んで相談をしたとき、その後の経過を連絡したり、結果を報告したりしていますか?

　仕事だから、ホウレンソウが必要なわけではなく、日々の生活における信頼にも重要です。

　○○さんのためなら話を聞いてあげたい、何かをしてあげたい、と思われるような信頼関係を築けていますか。

✏ ワーク:考えてみましょう。

大学経由のインターンシップに応募し日程もすでに確定しています。しかし、自主応募した第一志望企業のインターンシップの日程が重なってしまいました。どのように対応しますか?

(コラム「ホウレンソウの実際」(☞ p. 74)参照)

■ PDCA サイクル

　インターンシップ先で自分にとって難しい仕事を指示されたら、あなたはどうしますか?

　失敗したくない、失敗したら傷つく、自分の評価が下がる、と考えてしまうのではないでしょうか。初めから失敗しないように断った方がいい、と思いますか? それとも、計画を練り、ホウレンソウを重ね、適切な方法で、最良の結果に導きますか?

　正解はありませんので、自分で判断をしてください。

　挑戦をしてみても、うまくいかないこともあるでしょう。そこで重要なことは、**失敗が起きた場合にどのように立ち向かうか**です。

　失敗から学び、改善点を見つけ、次に活かすことができれば、それは貴重な経験となり、自分の力になります。完璧な成果よりも、挑戦に対する真摯な姿勢や失敗からの学び取り方によって「信頼」を勝ち取ることもできるのではないでしょうか。

　ここでは、失敗を次にどのように繋げるのか、PDCA サイクルで確認しましょう。

計画
仕事を遂行するための計画
（スケジュール、具体的計画など）

実行
仕事の実行段階

改善（行動）
検討事項について改善し、
次の仕事に向けて行動に移す

確認と検討
目的、方向性が当初の計画とずれて
いないかを確認。完了した仕事の振
り返り、チェック（計画と実施のギャッ
プ、計画の現実性、手順の再検討、
不足していた知識・スキルの確認など）

　PDCA は品質管理や業務管理における改善方法であり、仕事の質を高めるためのサイクルと呼ばれます。

　PLAN と DO だけでは「作業」であって、CHECK と ACTION が伴って初めて「仕事」になります。指示を受けて、このようにしよう、やってみた、は誰でもできるのです。アルバイト先で上の人の指示通り動いているイメージです。

　「仕事」とは、目的に対して、本当にそれで良いのか、もっと良い方法はないのか、と途中で何度も考え、改善するものです。終わってからも、どうすればもっと良くできたのか、何がうまくいった要因なのか、もう一度同じことをするならばどうすれば良いのか、と考え、次につなげることが大切です。

　失敗をしても、しっかりと CHECK と ACTION を行い、改善につなげることができれば、あなた自身に力がつき、周りの方の信頼を重ねていくことができます。

　インターンシップでは、あなたの後ろには見守ってくれる人がついています。ホウレンソウを行い、万が一うまくできなくても、PDCA サイクルで改善につなげてみましょう。

失敗をしても、次に改善できればいいんだ！

ビジネスにおける「時間」の考え方

時間とは

あなたにとって、「時間」とは何ですか?

ビジネスの現場でこのように問いかけると、社会人からは「お金」「価値あるもの」という返答が多く返ってきます。なかには「命」という意見まであるほどです。ビジネスにおいて、時間は価値や資産を生み出す重要な資源として捉えられています。

時間は、平等であり、有限です。

毎日、ぼんやりと過ごしていても時間は過ぎます。「あの人だけずるい、時間を多く持っている」ということはないのです。全ての人に平等です。

また、1日は24時間と限りがあります。「ぼんやりと過ごした時間を試験前に使いたい……」と思ってもできません。

今、この時間をいかに有効に使えるか。**「時間とは資産や価値を生み出す資源である」**という認識を持ちましょう。貴重な時間をいかに使うのか、です。

また、インターンシップは、あなたにとっての大切な時間でもありますが、会社にとっての価値を生み出すことができる時間、あなたの指導をしてくださる方の貴重な時間でもあり、それらをあなたのために投入してくれている、ということを忘れないでおきましょう。

時間厳守

仕事において「時間は絶対」です。

遅刻や仕事の遅れはありえないことなのです。待っていた相手や関係者の時間と労力が浪費される可能性があります。貴重な価値や資産を生み出す可能性までをも無駄にするのです。

「言われたことをきちんと実行することができます」と強みを語る学生がいますが、ビジネスでは当たり前です。言われたことを行うこと、期限内に行うことは当然であり、仕事には絶対に期限があり、期限内に最高品質の成果を出すことが求められます。

「時間があるときでいいからやっておいて」。それはいつでしょうか？

「時間があるときに」という指示であっても、相手の中には「○○までにやってほしい」という期限があるものです。メモを取り、「いつまでに」を必ず確認しましょう。

「信頼できる」と言われるためには、時間の考え方を社会人の基準に引き上げる必要があります。「早く授業が終わればいいのに」、と思っていたあなたの時間は、二度と戻らない時間です。価値を生み出すことも、信頼を生み出すこともできる、それが時間です。

あなたはインターンシップの限られた時間を、どのように過ごしますか？

第5章のまとめ

▶ビジネスにおいて「信頼」は重要だが、簡単に得られるものではない。

▶印象管理し「信頼」される第一印象を「自己プロデュース」しよう。

▶「信頼」される仕事の基本（指示の受け方、報告の仕方、ホウレンソウ）をコツコツと確実に実践しよう。

▶仕事品質の向上、失敗からの改善のため、PDCAサイクルを回そう。

▶「時間」はあなたにとっても、周囲の人にとっても大切で貴重な資源。

第5章　ワークシート・参考資料

■ 身だしなみ（スーツの着こなし）

〈髪〉
・表情が見える（眉、耳が見えている）
・きちんとセットされている

〈靴下〉
・ビジネスソックスを選ぶ（スポーツソックスや短いソックスはNG）
・色はスーツか靴に合わせる

〈その他〉
・ベルトは靴と同様の素材でシンプルなもの
・匂い（柔軟剤なども含む）
・カバンは床に置いたとき自立する、A4サイズが入るもの

〈スーツ〉
・サイズが合っている
・汚れやほつれ、しわがない、襟や袖口の汚れもない
・ネクタイをきちんと結び第一ボタンが見えない
・ケアが行き届いている（アイロンがけされ、パリッとしわがない）
・ポケットには何も入れていない（形が崩れてだらしなく見えるため）

〈靴〉
・美しく磨き上げられている
・基本は黒の革靴（ひも靴）

〈髪〉
・表情が見える（眉、耳が見えている）
・きちんとセットされている（長い髪はまとめる、お辞儀しても顔にかからない）

〈靴下〉
・基本はストッキング
・ストッキングは肌に合う自然な色を選ぶ

〈その他〉
・ネイルやアクセサリーはTPOに合わせる
・カバンは床に置いたとき自立する、A4サイズが入るもの

〈スーツ〉
・サイズが合っている
・汚れやほつれ、しわがない、襟や袖口の汚れもない
・スカート丈は座ったときに短すぎないように注意
・ケアが行き届いている（アイロンがけされ、パリッとしわがない）
・ポケットには何も入れていない（形が崩れてだらしなく見えるため）

〈靴〉
・美しく磨き上げられている
・基本は黒のプレーンパンプス

5

表　情

■表情チェック

- ・周りの人に頼んで、スマートフォンなどで普段話している様子を写真に撮ってもらい、客観的にチェックする。
- ・家の中に鏡を多めに設置しチェックをする習慣をつける。

■笑顔練習

- ・毎日、鏡で自分の顔を見ながら「笑顔」「真顔」「笑顔」「真顔」を繰り返す。

■表情練習

- ・喜怒哀楽を表す言葉を口に出しながら、それに合った表情を作ってみる。
   例）嬉しい！　なんで？　残念……。楽しみ！

姿　勢

■立 ち 姿

- ・かかとを揃えて立つ。
- ・背筋を伸ばす（胸を開く）。
- ・手は前で自然に組むか体側に添える。
- ・お腹に力を入れる。
- ・あごは床に水平にする。
- ・目線は相手に合わせる。

■座 り 姿

- ・浅めに腰をかける。
- ・背筋を伸ばして座る。
   ＊背中にこぶし一握り分、隙間が開くくらい。
- ・腰、膝、足首は 90 度をイメージする。
   ＊足を投げ出したり後ろに組んだりしない。
- ・猫背、肘付きには注意する。

■歩 き 方

・基本の立ち姿になる。

・自分の前に一本の線が伸びているイメージで、線を挟むように歩く。

・かかとから着地、つま先から踏み出す。

・背筋を伸ばし体を安定させる（横揺れやぴょんぴょん縦揺れに気をつける）。

・足を引きずらない。

5

ホウレンソウの実際

研修でしっかりとホウレンソウの重要性を伝えた大学での話です。

　大学のキャリアセンターにインターンシップ先の企業から「受け入れ学生が、都合が悪いという理由で、当初予定していたインターンシップ日程の変更を交渉してきた」との電話が入ったそうです。キャリアセンターは学生から一切聞いておらず、直接企業から聞かされたという状況でした。

　それぞれの気持ちを想像してみましょう。当事者ならどうしますか？

　学　　生：行きたいと思っていた企業のインターンシップに合格した。嬉しい！でも大学からの単位認定もかかっている別の企業のインターンシップと重なっている。これはどっちも行かなくてはいけない。どうしよう。大学から申し込んだインターンシップは、事前挨拶をして担当者もいい人だったから、なんとかなりそう。電話して日程変更の交渉をしよう。キャリアセンターには怒られるかもしれないし黙っておこう。何か問題になれば謝ろう。きっと大丈夫。

　キャリアセンター：企業開拓や企業との調整など大変だった。無事に自分らしくインターンシップを経験して帰ってきて欲しいと思っていたのに。日程変更を勝手に行うなんて！　企業とキャリアセンターが必死で調整して決めた日程なのに、他の企業のインターンシップに重なったという理由を伝えて変更希望……。
　どうして相談してくれなかったのだろう。「悪いときこそ早めの報告」と習ったはずなのに。本人だけではなく大学も企業からの信頼を失ってしまう。せっかく時間をかけて、担当者とも関係性を築いてきたのに……。

　企　　業：大変な準備も整い、大学キャリアセンターとの事務手続きも終わり、日程も決定。挨拶では感じの良い学生で、安心だ。インターンシップの担当を任せる若手社員にとっても良い成長の機会になるだろう。調整は大変だったけれど楽しみだ。
　学生から日程の変更希望メールが来た。他社のインターンシップに重なったので日程の変更希望？　そうか。今はインターンシップが重なる時期ではあるからしかたないのかも知れない。でも、繁忙期でもあるし、担当者の都合もあるので、日程変更は厳しいな……。
　ただ、新卒採用もここ数年厳しい状況でもあるし、インターンシップで長期的に体験してもらうのは良いことだから受け入れる方向で調整をしよう。大学キャリアセンターと調整が必要になるので、まずは一報を入れておこう。
　キャリアセンターは知らないみたいだった。あの学生、信頼して大丈夫なのだろうか……。

第**6**章

「伝わる」コミュニケーション

「コミュニケーションは得意？ 苦手？」と聞かれたら、あなたはどう答えますか？

「得意ではないけど、好き」「苦手というより、知らない人とコミュニケーションは怖い」……様々な答えがあるのではないでしょうか。

コミュニケーションは人間関係を築く上で不可欠な要素であり、社会に出ると、自分とは異なる年齢層の人や、苦手と感じる人ともコミュニケーションを取る必要が出てきます。

インターンシップの機会を活かし、実践的に学びましょう。

第6章のねらい

▶コミュニケーションの基本を理解する
▶「伝わる」コミュニケーションができる
▶コミュニケーションにおけるマナーを理解する

「面接ではコミュニケーション力が評価される。だから、挨拶をしたり、面接では大きめに頷くようにしている」と話す学生がいます。

残念ながら、面接でそのように振る舞っても、それが「身についている」のか「テクニック」なのか、面接官であれば見抜くことができます。

大学生活の中でも身についているか否かはすぐに分かります。

・相手が興味のない顔をしているのに話し続けている
・相手が話しているのにスマホを見ている
・自分の原稿だけを見てプレゼンをしている
・人の話を無表情で聞き続けている
・教授が「分かりましたか?」と問いかけても反応をしない

「絶対にそんなことはしていない!」と言いきれますか? もちろんこれらはコミュニケーションにおいて NG な行動です。

ではどうしたら良いのでしょう。難しくはないことですので、自分で考え、まずは身近なできることから始めてみましょう。

テクニックとしてではなく、「相手に寄り添う」「相手に興味を持つ」「相手の立場に立って考える」という視点でコミュニケーションを取ってみましょう。

自分は身についているかな?
何から始めればいいのだろう?

挨拶から始まるコミュニケーション

　第5章にて、信頼される第一印象について学びました。そこに挨拶をプラスすることで、コミュニケーションがスタートします。

　挨拶は、相手との良好なコミュニケーションを築くために非常に重要な要素です。相手に気持ちの良い挨拶ができることは、印象を左右し、信頼関係を築く基盤となります。

> **挨拶チェックをしてみましょう**
> □いつも自分から挨拶している
> □身体を相手の方に向けて挨拶している
> □明るさを感じさせる元気な声で挨拶している
> □相手の目を見て笑顔で挨拶している
> □家庭での挨拶、友達との挨拶も大切にしている

　授業開始前、多くの学生は「私は先生に挨拶しました」と言いますが「気持ちの良い挨拶ができる学生だな」と感じるのは、100人に1人くらいです。

　学生から先に挨拶をされることはほぼありません。こちらから挨拶をしても、目を見ないでボソボソ言ったり、無視したり、イヤホンをしたまま気づかない学生が多くいます。

　立ち止まって笑顔で「おはようございます」という学生がいたならば、200人いっぱいの教室でも忘れられない学生となります。

　挨拶が重要ということは理解していたとしても、きちんと行動に移せていますか？

　また、あなたは挨拶を「している」つもりであっても、挨拶が「できている」と相手が感じているとは限りません。相手に届いていない可能性もあります。

　あなたは、相手に「伝わる」挨拶をしていますか？

　挨拶はコミュニケーションの第一歩であり、気持ちの良い挨拶ができることで初対面の相手との関係が良好な方向に進展しやすくなります。

　自分から挨拶することは、相手に対する興味や尊重を表す重要な手段となります。また、挨拶をするのであれば、相手に向かって元気に明るい挨拶をすることで、親しみや安心感を持ってもらえます。

　何より、わざとらしい挨拶ではなく、気持ちの良い挨拶が習慣化されていると、それが日常の一部となり、相手に対する思いやりや感謝の気持ちが自然に表現できます。

　まずは毎日の家庭や友人との挨拶から見直し、日頃の生活の中で気持ちの良い挨拶を習慣化していきましょう。

　また、日本の礼儀作法の1つである、挨拶の際の「お辞儀」も大切にしたいものです。立ち姿と名乗り方、美しいお辞儀、これだけで相手の心を掴むことができます。基本の形を身につけ、感じの良い第一印象にもつなげましょう。

☞**挨拶練習をしましょう（ワークシート・参考資料 p. 84）**

コミュニケーションの基本

　社交的でよく話す友達を見ると「あの子はコミュニケーション力が高いな」と思ううかもしれません。でも、本当にそうなのでしょうか？

　相手に興味を持たず質問もしない人、相手の反応も見ずに一方的におしゃべりを続ける人は、果たしてコミュニケーション上手でしょうか？

コミュニケーション5つのポイント

①話す
②聴く
③質問する
④相手に寄り添う
⑤関係を構築しようとする

　「①話す」「②聴く」「③質問する」は、コミュニケーションの基本としてイメージしやすいものです。

　その中で「④相手に寄り添い」ながら、「この人はどう感じるだろう、何を考えているのだろう、この人の立場ならどうだろう」と考えることはできていますか。そして、この中でもっとも難しいのは、⑤「関係を構築しようとする」かもしれません。まずは「この人は苦手なタイプ」とシャットダウンするのではなく、なんとかうまくやってみよう、という意思を持つことからスタートするのです。関係を構築する気持ちを持ち、相手に寄り添うことをベースにすることで、コミュニケーションの質が高まります。

言語コミュニケーションと非言語コミュニケーション

　自分の思いを伝える手段として「言語コミュニケーション」と「非言語コミュニケーション」があります。

> 言語コミュニケーション：言葉でのコミュニケーション
> 非言語コミュニケーション：言葉以外のコミュニケーション
> 　例）見た目、所作動作、ジェスチャー、距離感、香り、など

　コミュニケーションにおいては、非言語コミュニケーションが実は非常に大きな比重を占め、重要であると言われます。非言語コミュニケーションの役割や効果としては、感情や意思の伝達、言語情報の補足ということと、相手の感情や本心を理解できる、といった側面があげられます。

6

> ⚠ **要注意！ 非言語コミュニケーション**
>
> 　自分にそのつもりがなくても、マイナスな印象を与えてしまうことがあります。気をつけましょう。
> ・目を見ない
> ・腕組み、足組み
> ・無反応、無表情
> ・肘付き、猫背でだらしない座り方
> ・ペン回し、貧乏ゆすり、髪を触る、などの癖

「伝わる」コミュニケーション（双方向のコミュニケーション）

「え、そんなつもりで言ったわけではないのに。」

コミュニケーションでは、話し手と聞き手の間にしばしばズレが生じることがあります。

まずは、「伝える」と「伝わる」の違いから、考えていきましょう。

「伝える」と「伝わる」

伝える：「私が」伝える

伝わる：「相手に」伝わる

自分が「伝えた」つもりになっていても、しっかりと相手に受け止めてもらい、「伝わって」いるかどうかは別の話です。「伝わる」コミュニケーションを心がけましょう。

あなたが伝えたことは、「フィルター」を通り、相手に伝わります。

話し手のコミュニケーションは、「五感」「知識」「経験」「価値観」「文化的背景」「感情や気分」といった複雑な要素が絡み合い、相手のフィルターを通して、受け手に届くと言われています。

そのため、あなたが伝えたことが相手に100％伝わっている、ということはない、という前提で伝える必要があります。

双方向の意思疎通

「伝わる」コミュニケーションのためには話し手と聞き手の双方向の意思疎通が重要です。コミュニケーションはキャッチボールにたとえられることがあります。まさに双方向ですね。

　ボールの投げ手：相手が受け取りやすい場所に投げる、相手が受け止められる球速で投げる、相手によって球速を変化させる

　ボールの受け手：きちんと胸で受け止める、受け取りにくいボールでも受け止めようとする、転がり落ちたボールは拾いに行く

実際のコミュニケーションでも同じことが言えます。

相手に投げっぱなし（一方的に話す）、ボールが来ても取らない（相手の話を聞いていない）、ボールをきちんと受け止めず豪速球で投げ返す（考えずに即答する）といったことが起こっていませんか？

「聞く」と「聴く」

キャッチボールでは、ボールを投げるときだけでなく、受け止めるのにも技術が必要です。

■ただ聞くのではなく、聴く

「聞」の漢字には耳、「聴く」の漢字には、耳に加えて、目と心が入っています。

相手の話を音として「聞く」だけではなく、目で相手の様子を見て、心で相手に寄り添って「聴く」ことが重要です。

> **「聴く」のポイント**
> ①反応を示す　表情や態度で聞いていることを伝える
> ②復唱する　誤解なく、受け止めていることを伝える
> ③メモをとる　（必要であれば）聞いたことを記録に残す
> ④質問する　不明点があれば、質問をする
> ⑤確認する　きちんと受け止められているかどうか、確認をする

企業の方から、学生の反応が薄い、無表情で頷きもない、理解できているのか心配になることがある、と不安な声を聞くことがあります。まずはしっかりと受け止めたことを表現してみましょう。

世代間コミュニケーション

「若い子に『週末何していたの？』なんて恐ろしい質問できませんよ。『ハラスメント』って言われたらどうするんですか。どんな雑談したらいいかも、もう分かりません……。」

ある企業人事の方がおっしゃっていた言葉です。

皆さんが世代が上の人々とのコミュニケーションを不安に感じるように、世代が上の人々にとっても若者とコミュニケーションを取ることに、負担があることは理解しておきましょう。

皆さんは多様性を認め合うことが得意と言われる世代です。目上の方の考えや意見も素直に受け入れ、相互理解を深めましょう。

ここでは、世代間コミュニケーションがうまくいくよう、それぞれの特徴や時代背景がいかに違うのかを理解し、互いにどのように接していけば良いのかを考えましょう。

■世代間特徴

世代名	一般的な定義	主な特徴、世代背景
X世代 （バブル・団塊ジュニア・ポスト団塊ジュニア世代）	1965-1980年生まれ	・右肩上がりの消費生活を謳歌して成長 ・男女雇用機会均等法による女性の社会進出 ・他人からどう見られるか、ブランド志向、高くてもよい価値観 ・会社関係のつながりが多い ・情報収集はテレビとインターネットの両方
Y世代 （ポスト団塊ジュニア・さとり世代）	1981-1995年生まれ	・就職氷河期の影響を受けた世代、失われた20年の中で成長 ・ファミコン、アニメなど娯楽・流行を楽しんだ器用な世代 ・他人よりも自分を大事に考える ・仕事よりもプライベート重視の傾向が強い ・情報収集はインターネットが中心
Z世代	1996-2010年生まれ	・高校生になる前にスマホが発売されている世代 ・超安定思考、競争より協調 ・仕事はプライベートを充実する一つの手段に過ぎない ・繋がり重視、インターネットで知り合った友人がいる ・情報収集はSNSがメインツールになりつつある、情報発信も活発

出典：林裕之（2023）『データで読み解く世代論』中央経済社より作成

世代間コミュニケーションのポイント
①相手のことを知る努力をする（特徴や世代背景など）
②世代によって考え方が違うことを認識する（価値観やものごとの捉え方など）
③初めから理解できないと思わず、なぜ相手がそのように思うのかを考える

あなたも必ず歳を重ねます。
相手に寄り添い、互いの違いを理解・尊重し、世代間で良いコミュニケーションができるようになりましょう。

第6章のまとめ

▶コミュニケーションの第一歩は挨拶から。自分の心を押し開けて相手に近づいてみよう。

▶美しいお辞儀が非言語情報としてあなたの気持ちを補う。身につけよう。

▶コミュニケーションはまず相手と関係を構築したいと思うことからスタートする。

▶双方向コミュニケーションでは、相手に「伝わる」コミュニケーションを心がけよう。

▶世代間コミュニケーションでは、相手を知る努力をし、違いを理解・尊重しよう。

6

第6章 ワークシート・参考資料

■インターンシップ中に使うフレーズ【挨拶編】

朝の挨拶	おはようございます （朝以外は「こんにちは」「お世話になっております」など）
出かけるとき	行ってまいります （社内は「行ってらっしゃい」「よろしくお願いします」など）
出先から戻るとき	ただ今戻りました （社内は「お帰りなさい」「お疲れ様です」など）
入退室、着席時	失礼いたします
お詫びをするとき	申し訳ございませんでした　大変失礼いたしました
お礼を言うとき	どうもありがとうございました　ありがとうございます
お願いするとき	よろしくお願いいたします
帰りの挨拶	お先に失礼いたします　本日はありがとうございました
初めての挨拶	わたくし、○○大学××学部３年生の△△（フルネーム）と申します。 （自分なりのメッセージ）よろしくお願いいたします。

■お辞儀のポイント

☆お辞儀の前後は笑顔とアイコンタクト

・正しい姿勢で立つ
・相手の目を見る
・あいさつの言葉を伝える
→「語先後礼」：言葉が先で
　お辞儀が後
・カウント①②③④

腰から上体をまっすぐ倒す①
いったん止める②
ゆっくりと上げる③④

・相手に視線を戻す

会釈…15度
（例：すれ違うとき、
顔見知りへの挨拶）

敬礼…30度
（例：来客のお出迎え、
目上の方への挨拶）

最敬礼…45度
（例：お詫び、大事な
お願い、お見送り）

コラム 先輩たちが語る「挨拶」

実際に、インターンシップに行った学生からの「挨拶」についての声を集めました。

・朝の挨拶をしようとしたが、忙しそうでタイミングが掴めなかった
・怖い人はなるべく避けて挨拶もしないようにした
・誰も挨拶する雰囲気じゃない職場だった
・挨拶をしても無視をされた

「研修で挨拶の重要性を理解したので、頑張って挨拶をしようと思ったら、皆さんがすでに静かにパソコンの前にいて、どうしたらいいのか分からなかったんです……タイミングを失って、挨拶できないまま1日がスタートしました……。」(IT系)

「倉庫での業務体験のとき、めちゃくちゃ言い方の厳しい人がいて、怖くて帰り際もお礼を言わずに帰ってきてしまいました。」(流通)

「雰囲気がピリピリしていて、職場内でお互いに挨拶をしていなかった。挨拶をして、目も合っているのに、絶対に聞こえているのに、すっと無視をされて、そんな対応をする人が一人じゃなかったんです。」(食品)

多くの会社は優しく迎え入れてくださいますが、必ずそうとは限りません。このテキストで学んだことが全く役に立たない、ということもあるかもしれません。基本と応用が(そして、もしかしたら折れない心も)大切です。

就職活動を経て、現在はとある企業でキラキラと働いている卒業生の言葉が印象的です。
「インターンシップや採用面接では、どこでもいいからなんとか内定が欲しい、と最初は思うかもしれません。でもそうではなかった。自分だけが評価される場ではなく、自分もその会社で、その方達と働きたいのかを見極めるための重要な機会でした。」

第7章

インターンシップで
必要なマナー

「うちの社員が言うのです。『マナーは私の仕事では必要とされていない』と。この発言は自分の仕事、自分の会社、自分の業界をおとしめていることになると思いませんか？」

ある企業経営者から聞いた言葉です。

あなた自身はどうなりたいですか。自分のなりたい姿にマナーは必要ですか。

マナーは身につけていてプラスはあってもマイナスはありません。まずは興味を持つこと、知ることから始めましょう。

```
┌─────────────────────────────────┐
│ 第 7 章のねらい                 │
│                                 │
│ ▶マナーの重要性を理解する       │
│ ▶正しい言葉遣いができるようになる │
│ ▶基本的なビジネスマナーを知る   │
└─────────────────────────────────┘
```

マナーの重要性

皆さんは、マナーに対してどのような印象を持っていますか。とても大切なものだから身につけたい、興味があると思う人もいれば、形だけの堅苦しいものと考えている人もいるかもしれません。

マナーとは何なのか、なぜ重要なのかを考えていきましょう。

■マナーとは

マナーとは、「心を伝えるための道具」です。

「思いやる心」「敬いの心」「慎みの心」……これらは、日本の礼儀作法に脈々と受け継がれている美しい精神ですね。

このような美しい心を「実は持っていました」と言っても、相手に伝わっていなければ、あなたの相手を思う心はなかったことと同じです。

マナーとは「お辞儀の角度は 30 度！」「ノックは 3 回！」といった形だけの話ではないのです。実際、面接の現場で「お辞儀の角度が悪かったから不合格だね」「2 回ノックだったから不合格」のような言葉を聞くことはありません。一生懸命さや相手を尊重する気持ちが伝わることの方が重要です。

むしろ「心」がないのであれば、形だけ整えても意味がありません。

日本の武士の礼儀作法である小笠原流礼法には「時宜によるべし」という言葉があります。「そのときの状況・条件に応じて」という意味で、絶対にこうでなくてはならない、ではなく、臨機応変な対応が必要なのです。

小笠原流は室町時代から続く礼儀作法です。武士たちも、状況に応じて相手への礼節を持って対応していたというのです。なんだかかっこいいですね。

　ただ、心を持っていても、形が整っていなければ、相手に思うようには届きません。基本ができているからこそ、応用ができるのです。

　そのために、形を徹底的に身につけ、心を届ける道具を多く持ち、自信を持った振る舞いで相手に気持ちを伝えましょう。

マナーで「信頼」される

　マナーは相手のためのものでしょうか。相手を大切に想い、礼儀正しく敬意を払うことは、相手のために重要です。また、ビジネスにおいては、この会社の人はマナーが教育されている、さすが○○会社の人はきちんとしている、と会社への信頼につながります。相手のため、会社のためにも重要ですが、何より、最終的には**「自分のため」に大きな力となるもの**です。

　礼儀正しい振る舞いにより、相手にあなたの誠意が伝わり、信頼を重ねることができます。ビジネスにおいても、きちんとした人、信頼のできる人、安心感のある人、と思ってもらうことができるものです。

　インターンシップに行くと、あなたは看板を背負うことになります。

　「○○さん」という人ではなくて、「××会社のインターンシップ生」。インターンシップ先企業からは、「△△大学の○○さん」と見られるのです。

　あなたを受け入れる企業のため、あなたを送り出し支えてくれる大学のため、あなた自身の「看板」のためにも、最低限のマナーは身につけておきましょう。

敬語と正しい言葉遣い

　敬語は尊重の気持ちを伝えるだけではなく、自己表現の方法としても重要です。

　敬語を身につけることで、相手に対して敬意を示しつつ、誠実かつ素直に意思を伝えることができます。また、敬語は立場を超えて対等に話すための重要なツールです。上司や目上の方とのコミュニケーションにおいて、適切な敬語が使えることで、意見や主張を伝えやすくもなるのです。

　インターンシップのためだけに覚えるのではなく、学生のうちにしっかりと学び、使い、身につけることで、将来の社会人生活で円滑なコミュニケーションも可能となり、あなたの強い力となります。

尊敬語	相手側または第三者の行為・ものごと・状態について、相手側を主語にして相手側への尊重を表現する
謙譲語	自分側から相手側または第三者に向かう行為・ものごとなどについて、自分側を主語にして相手側への尊重を表現する
丁寧語	話や文章を丁寧に表現する

＊文化庁が 2007 年 2 月にまとめた「敬語の指針」（答申）では、敬語は 5 分類（尊敬語、謙譲語Ⅰ、謙譲語Ⅱ、丁寧語、美化語）とされていますが、ここでは 3 分類で説明します。

出典：文化審議会答申（2007）「敬語の指針」より作成

☞**敬語表で頭の整理をしましょう（ワークシート・参考資料 p. 95）**

☞**敬語の基本問題を解いてみましょう（ワークシート・参考資料 p. 95, 96）**

　皆さんはすでに学校の先生や先輩、アルバイトの上司などに対して敬語を使っていると思いますが、敬語表にして改めて頭の整理をすると、意外に混乱していたのではないでしょうか。

　尊敬語と謙譲語を間違える、二重敬語＊を使う、相手との関係性においてふさわしくない言葉を使う、といったことが多く見受けられます。

　誰も注意をしてくれることはないかもしれません。ただ、正しい言葉遣いができないことで、できない人だな、その程度の人なのだろうな、と思われることはあります。

　そんなことを思われるような業界で生きていくつもりはない、接客の現場に行くわけでもないのに、という考えもあるかも知れません。

　ただ、仕事だけではなく、あらゆるライフステージ、役割の中で、相手への敬意を表し、あなた自身が誤解されることのないような自己表現ができることは、あなたの自信につながります。

☞**よりふさわしい言葉遣いに書き換えましょう（ワークシート・参考資料 p. 96）**

＊一つの語について、同じ種類の敬語を二重に使ったもの。
　例）「おっしゃられる」は二重敬語。「言う」を「おっしゃる」と尊敬語にした上で、尊敬語の「～られる」をつけている。

ビジネス現場での言葉遣い

自分のこと→私（わたくし・わたし）

上司や先輩→○○部長、○○課長、○○さん（各企業で使用されている呼び方を）

社外の方→○○様、社長の○○様

⚠️ 要注意！

社外の人に社内の人のことを話すとき

・上司であっても呼び捨て（役職名をつける場合は「部長の○○」など）

・謙譲語を使う

　　NG　　○○部長は外出なさっています

　　OK　　部長の○○は席をはずしております

学生言葉に気をつけましょう

・「言ってた」「やってた」などカジュアルな話し言葉や「い抜き言葉」

　　→「おっしゃっていた」「なさっていた」

・「決めれる」「見れる」「食べれる」など「ら抜き言葉」

　　→「決められる」「見られる」「食べられる」

・「これで大丈夫ですか」「全然大丈夫です」など、「大丈夫」の多用

　　→「こちらでよろしいでしょうか」「全く問題ありません」

・「了解しました」「感心しました」などは、目上の方には使わない方が良い

　　→「承知しました・かしこまりました」「勉強になりました・参考にします」

・「～たり、～たり」「～ので、～ので」「～とか、～とか」など、子どもっぽい表現で、文章をだらだらと続ける

　　→１文を短めにわかりやすく、適切な接続詞を使う

　　　「～や、～など」「～もあれば、～もあります」など状況に応じて使う

ビジネスマナー

インターンシップで学生に求められるビジネスマナーとは何でしょうか？

安心してください。皆さんはビジネスマナーを完璧に身につけている必要はありません。

知らなくても、「何で知らないのですか！　大学で勉強して来なかったのですか！」と言われることはありません。

学生が名刺交換をおどおどと不安げにする姿は、社会人の目には可愛らしく映るものです。毎日名刺交換をしていると、誰でもできるようになるからです。

ビジネスマナーは、あくまで「ビジネス」におけるマナーです。学生である皆さんが、なぜできないのだと責められるものではないのです。

ただ、インターンシップに行くにあたって、知らないよりは知っておいた方が役に立つ場面もあるでしょう。また、自分自身の不安を取り除く、という意味でも、ビジネスの世界をのぞいておきましょう。

＊本章末に参考資料がありますので、自分に必要な内容を確認してください。

信頼されるためにも、ビジネスマナーは重要だ！

電話応対（☞ p. 97）

スマートフォンの使用に慣れた皆さんの世代は、「誰からか分からない電話に出る不安感がある」ため、電話応対が苦手と指摘されています。不安な気持ちは理解できますが、ビジネスにおける固定電話に対する信頼は根強く、しばらくの間は、電話特有のマナーも必要とされます。

自分がインターンシップ先にかけるとき、就職活動などもイメージしながら、参考資料で基本を理解しておきましょう。

インターンシップ先で電話応対する場合は、企業ごとにマニュアルや決まりがあるはずなので、そちらを優先してください。

■ ビジネスメール（☞ p. 100）

　ビジネスチャットや SNS で連絡をとることも増え、ビジネスの現場でもメールを書く頻度が少なくなってきています。とはいえ、今後しばらくは必要なツールです。

　インターンシップでは実施企業とのやりとりも含め、メールの扱いは重要になってきます。もともとメールは簡易な連絡ツールと言われているものですので、手紙のマナーのような細かい決まりはありません。

　参考資料で基本的な書き方やルールを確認しておきましょう。

■ 来客応対（☞ p. 102）

　インターンシップで接客の業務を体験する人はしっかり確認しておきましょう。

　接客以外の場面でも、ビジネス現場では当たり前の案内マナーとされているものです。

　応対の基本を知り毎日を過ごすことで、実は様々な場所でマナーに基づいた行動が実践されていることが理解できるはずです。日々の生活の中で意識のアンテナを張り続け、実践していくことで、身についていきます。

■ 他社訪問（☞ p. 103）

　今後のインターンシップや、就職活動の面接など、社会に出るまでに全員が会社訪問を経験することになるでしょう。

　また、インターンシップで営業業務を体験する人は確認しておくとよいでしょう。

　他社を訪問する際に、マナー面で不安になることなく、仕事内容に集中できるように、事前に参考資料を見ながらイメージトレーニングしておきましょう。

■ 名刺交換（☞ p. 104）

　インターンシップや就職活動で名刺を使おうと思っている人は、使う以上は知っておかないといけないのが、名刺のマナーです。

　名刺を使わない人も、インターンシップ先で受け取る可能性はありますので、名刺とは何なのか、どのように扱うべきなのかを知っておきましょう。

席　次

　席次には「上座」と「下座」があり、「上座」はお客様や目上の人が座る席で、基本的には出入り口から一番遠い席を指します。「下座」はお客様をもてなす側が座る席で、ドアや入り口に近い席です。応接室、電車、車、エレベーターなど、生活の様々な場所には席次という考え方があることを知っておきましょう。

オンラインマナー（☞ p.106）

　現在のビジネス現場では、オンラインミーティングが普及し、当たり前に行われるようになりました。オンライン特有のマナーや非言語コミュニケーションにも気を配りましょう。

　企業独自のルールやマナーがある場合もあります。その際には、そちらに従ってください（例：顔出しはしない、名前の変更、ミュートの解除について、など）。

第 7 章のまとめ

▶ マナーは心を伝える道具。あなたの心を相手に伝える道具を多く持とう。

▶ これが絶対、ではなく、臨機応変にマナーを使いこなそう。

▶ 正しい言葉遣いを再確認し、使うことで身につけよう。

▶ ビジネスマナーには多くの決まり事がある。基本を理解し必要なときに見直そう。

▶ マナーは、相手のため、会社のため、最終的には「自分のため」。

第 7 章　ワークシート・参考資料

■ 敬 語 表

■敬語表を完成させましょう（解答☞ p. 147）

尊敬語	原　型	謙譲語
	い　る	
	す　る	
	行　く	
	来　る	
	言　う	
	聞　く	
	見　る	
	見せる	
	会　う	
	食べる	
	知っている	
	持　つ	

■ 敬語の基本

■会話の内容を尊敬表現と謙譲表現を用いて、丁寧に書き換えましょう（解答☞ p. 147, 148）

①この内容知ってた？

　　→

　　うん。知ってた。

　　→

②この本もう読んだ？

　　→

　　まだ読んでない。

　　→

③お弁当は全部食べた？

　→

　全部おいしく食べた。

　→

④次はいつ行くの？

　→

　行く予定はない。

　→

⑤課長に報告書は見せた？

　→

　うん。さっき見せた。

　→

■正しい言葉遣い

■よりふさわしい言葉遣いに書き換えましょう（解答☞ p. 148, 149）

①お昼ご飯は何をいただかれますか？

②お客様が申されました。

③もう拝見されましたか？

④受付でお伺いください。

⑤お客様がお越しになられる。

⑥〜部長がおっしゃられていた件（社内で）

⑦趣味で釣りをさせていただいています。

⑧田中さん（上司）は仕事がよくできますね。（本人に対して）

⑨田中さん（上司）の話し方はハキハキしていて感心して見ていました。（本人に対して）

⑩提出書類はこちらで大丈夫ですか？

▌電話応対

■掛 け 方

事前準備	・5W2H* で用件をまとめておく ・電話番号、会社名、相手の名前などを確認しておく ・必要な資料、書類は揃えておく ＊急ぎの用件以外は、出勤直後、昼食、終業直前の時間は控える
呼び出し	・呼び出し音を鳴らすのは 7 〜 8 回まで ＊可能であれば留守番電話を入れる
名 乗 り	・相手が名乗ったことを確認し、自分も名乗る 　「〜〜の○○と申します。いつもお世話になっております」 ＊知らない相手に対しても「お世話になります」は慣用句として使う
取次依頼	・相手の（部署と）名前を伝え、取次を依頼する 　「恐れ入りますが〜様はいらっしゃいますでしょうか」 ＊相手が不在の場合には、自分から再度連絡することを伝える。かけた側がかけなおすのが基本マナー
相手への配慮	・名指し人が出ても急に話しださない 　「ただいまお時間よろしいでしょうか」 ＊急ぎや緊急の場合でも配慮の一言を忘れない 　「夜分失礼します」「お休みのところ恐れ入ります」
用件を伝える	・簡潔に分かりやすく話す ・用件を伝える 　「〜の件でお電話しました」
確認する	・相手に伝わったかどうかの確認を行う 　「以上ですが、よろしいでしょうか」 ・相手が復唱した場合は、間違いないか確認する ・伝言を依頼したときは相手の名前を確認する
挨 拶	・丁寧に挨拶をして切る 　「よろしくお願いいたします」「失礼いたします」 ・電話を切る。受話器は静かに置く ＊原則かけた方が先に切る。

*5W2H：What（何を）When（いつ、いつまでに）Why（なんのために）Where（どこに、どこで）Who（誰が、誰に）How（どのように、方法）How（much, long, many...）（値段、数）

7

■受け方

呼び出し音	・メモとペンを用意する ・姿勢を正し、笑顔で出る ・3回以内に出る。3回以上は「お待たせいたしました」の第一声
名乗り	・社名、部署名、氏名を名乗る（企業による） 「（お電話ありがとうございます）○○の△△でございます」 ・ゆっくり、ハキハキと明るい声で出る ＊ビジネスでは「もしもし」の第一声では出ない
相手の確認	・相手が名乗ったことを確認し、挨拶する 「○○様でいらっしゃいますね。いつもお世話になっております」 ・聞き取れない場合は、お詫びして聞き直す 「恐れ入りますが、もう一度お願いできますでしょうか」 ＊相手が名乗らない場合は必ず確認する
名指し人に取次	・名指し人の確認をし、すみやかに取次ぐ 「〜ですね、かしこまりました。お繋ぎいたします」 ・名指し人不在の場合は、お詫びし、戻る時間を伝え、相手の意向を聞く 「あいにく〜は不在にしております。〜時には戻る予定です。よろしければご伝言を承りますがいかがでしょうか」 ＊取次ぐ際には電話機を「保留」にする
用件を聞く	・メモを取りながら聞く ・相槌をうち、聞いていることを相手に伝える
用件を確認する	・メモを見ながら用件を復唱する 「念の為復唱いたします。〜ということでよろしいですか」 ・日時、曜日、数字、場所、名前などは特に注意する ＊伝言を頼まれた場合、必ず名乗る（責任の所在を伝える意味） 「私、○○が 承りました。〜に申し伝えます」
挨拶	・最後まで礼儀正しく丁寧に（早く切ろうとしない） 「お電話ありがとうございました」「失礼いたします」 ＊掛けた方が先に切る（相手が切ってから受話器を置く）

■模擬トーク：インターンシップ事前訪問のアポ取り

【名乗りと取次ぎ依頼】

社員

はい、A 商事の B でございます。

学生

私、インターンシップでお世話になります C 大学の D と申します。いつもお世話になります。恐れ入りますが、人事部の E 様はいらっしゃいますでしょうか？

C 大学の D さんでいらっしゃいますね。いつもお世話になります。人事部、E でございますね、お繋ぎいたしますのでお待ちください。

はい、お願いいたします。

【名乗りと要件】

人事部
社員

お待たせしました。人事部 E です。

いつもお世話になります。私、インターンシップ生の C 大学 D です。このたびは、事前訪問のお願いでお電話いたしました。ただいまお時間よろしいでしょうか。

〜日程調整〜

【復唱確認】

ありがとうございます。念の為、復唱いたします、〜月〜日〜時に、E 様をご訪問するということでよろしいでしょうか。

はい、結構です。受付で、人事部 E をお呼びください。

【ご挨拶】

承知しました。それでは当日よろしくお願い申し上げます。失礼いたします。

はい、気をつけてお越しください。失礼します。

→企業の人が切ったことを確認して切る

■ビジネスメール

■基　本

・1案件1メール（複数案件を送る場合には、「1、2、3」などと番号を振り、分かりやすく伝える）。

・同じ案件のやり取りの場合には、メールはタイトルを変えずに続ける。

・基本は1往復半（自分→相手→自分）。

・自分のアドレスがCCに入っている場合は基本的に返信する必要はない。

・送る前に誤字脱字がないか確認する。

＊送信時間に注意して送る（基本は就業時間内）

■基本マナー

メール文例

```
差出人　aaa@bbb.co.jp
宛先　　株式会社●● ▲▲部■■■■様 <ccc@ddd.co.jp>
CC　　　eee@fff.co.jp
BCC　　　ggg@bbb.co.jp
```
……… ①宛先

事前訪問御礼／○○大学△△△△ ……………………………… ②件名

📎 提出書類_△△_20240209.docx ………………………… ③添付

```
株式会社●●
▲▲部
■■■■様
```
……………………………… ④宛名

いつもお世話になります。○○大学△△△△です。
本日はお忙しいところありがとうございました。 ……… ⑤前文

事前訪問でお話をお聞きし、イメージがより具体的になり、
ますますインターンシップが楽しみになっております。
アドバイスいただきました事前準備を十分に行い臨みます。 ……… ⑥本文
ご指導のほど、よろしくお願いいたします。
提出書類を添付いたしますのでご査収くださいませ。

本日はありがとうございました。
どうぞよろしくお願い申し上げます。 ………………………… ⑦末文

```
----------
○○大学 ××学部
△△△△
Tel: ***-***-****
Mail: aaa@bbb.co.jp
```
……………………………… ⑧署名

7

①宛　先：アドレスは「〈会社名〉〈お名前〉様」で早めに登録する。

　TO、CC、BCC の使い方に注意する。

> TO：宛先
> 【メールを共有しておきたい場合】
> CC：受信者のアドレスが他の受信者から見える
> BCC：受信者のアドレスが他の受信者から見えない

②件　名：タイトルは簡潔に分かりやすく（タイトルを見ただけで分かるのが基本）。

　例）ご訪問御礼／○○大学 3 年○○○○

③添　付：添付資料はファイル名にも注意が必要（名前や日程を入れるなど）。

　ファイルは 2MB までが目安。

　パスワードなどのセキュリティにも注意。

④宛　名：相手の会社名（部署名、役職）、お名前を 2 行にまとめて書く。

⑤前　文：挨拶と名乗り。

　「（いつも）お世話になっております。」が基本。

　名乗りは、大学名、名前。

⑥本　文：趣旨、要旨を記載し、詳細を伝える。

　簡潔に分かりやすく（長文は避け改行にも気をつける）。

　一行の文字は 30 ～ 35 文字程度、1 つの段落は 4、5 行にまとめる。

　ファイルを添付する場合は本文でも言及する。

⑦末　文：結びの言葉、挨拶を添える。

⑧署　名：署名は必ず付ける。

　基本フォーマットは名刺に書いていること。

　学生は学校名（学部名・学年）、名前、連絡先（電話番号、大学アドレスなど）を
　記載する。

■要注意ポイント

・言葉選びは慎重に！

　メールでは表情が伝わらないため誤解を受けることがあります。送る前に相手の立
　場に立って読み直しましょう。

・送信前には必ず内容確認を！

　送信してしまったら修正はできません。内容や送信先を必ずチェックしましょう。

・絶対 NG！　アドレス間違い

　機密事項にも関わります。送信前にもう一度、絶対に間違いないか確認する癖を
　つけましょう。

来客応対

出迎え	・立ってご挨拶「いらっしゃいませ」 ・表情豊かに優しい笑顔 ・姿勢を正し、丁寧なお辞儀
相手・ 用件確認	・社名、名前、アポイントメントの有無を確認 ・適切な挨拶 「いつもお世話になっております」 「△△様でいらっしゃいますね。お待ちしておりました」 （名刺を出されたら丁寧に扱い、社名と名前の確認） ・名指し人に取り次ぐ
ご案内	・案内先を告げる 【通路】 向かう方向を指し示し、行き先を告げる お客様のペースに合わせ、2、3歩前を歩く 時々視線を来訪者の足元に向ける 【エレベーター】 乗り降りは、原則としてお客様優先 操作盤の前（下座）に立つ 【階段】 原則として階段はお客様より上を歩かない 昇りの階段でお客様の上になる場合、一言添える 手すり側がお客様 【ドアの開閉】 ドアは必ずノックして中に人がいないかを確認する（ノックの基本は3回） 内開き（押し開き）ドアは案内人が先に入室 外開き（手前に引く）ドアはお客様が先に入室 ・お客様に上座をお勧めする
お見送り	・お客様の姿が見えなくなるまでお見送りをする 【エレベーター】扉が閉まるまでお辞儀をして見送る 【車】車が見えなくなるまで見送る 【徒歩】お客様が見えなくなるまで見送る

他社訪問

準　備	・準備物を揃える（資料、名刺、メモなど） ・時間厳守 ＊初めて訪問する場合は、時間に余裕をもって出発する
受　付	・会社の敷地に入る（受付に向かう）前に身だしなみを整える ＊冬場は先にコートを脱いでおき、夏場は汗をハンカチで拭いておく ・受付で会社名、名前、アポイントメントの有無を伝える ・必要に応じ、名刺を出して名乗る
案　内	・案内に従う ・待つ間は下座で待つ（カバンは椅子に置かず、床置きが基本）
面　談	・相手が部屋に入ってきたら、必ず立って挨拶をする ＊初めてお会いする方とは名刺交換を行う ・商談の間、必要なことはきちんとメモする
辞　去	・早めに辞去のご挨拶をする 「こちらで結構です。本日はありがとうございました」
御　礼	訪問の御礼を伝える（メール、電話など）

7

名刺交換

　名刺は持ち主の分身とも言われ、大切に扱う必要があります。名刺を大切に扱っていることを表現するために胸の高さで、両手を使って扱うことが基本とされます。

　ビジネスにおいては挨拶やコミュニケーションツールです。

　初対面の際の名刺交換ですので、マナーにばかり気を取られずに、第一印象にも注意しましょう。

■基　　本

・立ち上がってやり取りする（机越しではやり取りしない）。

・胸の高さで扱う。

・両手で扱う。

＊相手の目の前で名刺にメモをしたり、折り曲げたりしない。

■渡し方

・目下、訪問した側から先に差し出す。

・自分の会社名、名前（名字）を名乗る。

・両手で相手の読みやすい向きで差し出す。

・相手が受け取りやすい位置に差し出す。

・名刺入れがある場合は相手が受け取りやすい位置に右手で差し出し、左手で名刺入れを持つ。

■受け取り方（自分の名刺がなく、受け取りのみの場合も同様）

・立ち上がる。

・「頂戴いたします」と一言添える。

・両手で文字に指が掛からないように丁寧に受け取る。

・相手の会社、氏名を復唱する。

・お辞儀（会釈）をする。

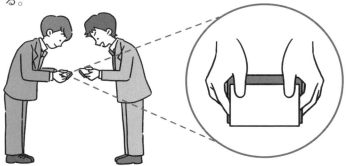

■同時交換

・差し出すタイミングが同時になった場合は、同時に交換する。

・左手を自分の名刺から離し、相手の名刺を受け取る。

・目下、訪問した側は、自分の名刺の位置を、相手の名刺より少し下に出す。

■名刺をしまうタイミングは？

挨拶だけの場合

一通り挨拶が終わって失礼する際にしまう。もう一度名刺に目をやり「頂戴します」とさりげなく一言添えるとよい。

打ち合わせなどで着席する場合

・相手が一人の場合は名刺入れの上に乗せる。

・複数の場合は相手の座席の並びに合わせてテーブルの上に置く。

・打ち合わせが終わって資料などを片付ける際に「頂戴します」とさりげなく名刺入れにしまう。

　＊資料が多い打ち合わせの場合はタイミングを見てしまう。

⚠️インターンシップでの注意点！

①名刺をいただいた場合

　自分が名刺を持っておらず、受け取りだけの場合もマナーが必要です。受け取り方をしっかり確認しましょう。

　また、いただいた名刺は、お話し中はテーブルの上に置いておきます。

　頂戴した名刺は、ファイルの一番前やスケジュール帳などに丁寧に入れて辞去します（ポケットに直接入れたり、財布に入れたりはしません）。

②いただいた名刺の扱い

　営業同行などでお客様先からいただいた名刺については、企業の資産であり、あなた個人に下さったものではありません。どのように扱うのかは企業担当者に確認する必要があります。

　いただいた名刺に書いている情報を利用して、その方に個人的にメールするなどは厳禁です。

■オンラインマナー

■事前準備

・事前にマイク・スピーカーの状態を確認しておき、周りの雑音の入らない、通信環境に支障がない場所を選ぶ。

・カメラの映り方を確認しておく。社内の場合、周りに何が映っているか確認し、無関係な取引先名や個人名が分かるものが映り込んでいないか確認しておく。

・バーチャル背景はビジネスにふさわしいものを選ぶ。

・使い慣れていない機材や会議サービスを使用する場合、事前に使用方法を調べたり、一度使ってみる。常に最新のバージョンにアップデートしておく。

・在宅であっても服装はスーツやオフィスカジュアルが基本。

・5分前には入室できるよう準備を整える。

■言語コミュニケーション

・話すときは、ゆっくり、はっきり、丁寧に。

・長々と話さず簡潔に分かりやすく話す。

・発言時、必要に応じ名乗り、終了時は「以上です」と伝える。

・人の発言に自分の発言を被せない。

■非言語コミュニケーション

・表現力は大きめに表情に出す（無表情のまま動かないのはNG）。

・目線を合わせる、常に柔らかい表情を心がける。

・リアクションをする（大きく頷く、手で○を作る、リアクションボタンの活用など）。

・自分以外の人が話している間は、声に出す相槌（言葉を添えて「そうですね」など）は控え、非言語で伝える（発言が重ならないため）。

ビジネスマナーの基本を学んで自信がついてきたぞ！

コラム　美しい振る舞い

「片手で失礼いたします」

　両手で物を渡すべきところ、片手でしかお渡しできずに申し訳ないことです、という場面で、客室乗務員がお客様だけではなく、先輩や仲間にも使っている言葉です。

　「両手で物を渡さないと気持ちが悪い」と感じるまで徹底された教育を受けたことは、今、私の財産となって身についています。

「客室乗務員＝マナーができている」

と考えられがちですが、マナーは当然のこととして、両手手渡しからも分かるとおり、身についた振る舞いが美しい方が多いように思います。

　それはなぜでしょうか？　「お客様への想い」「見られている意識」を持っているからです。飛行機という制限された空間の中で「お客様が家にいるのと変わらない快適な空間づくり」「お客様に 360 度から見られている意識」という言葉が常に頭の中にあるからです。

　想いがあり意識が変わり、行動につながり、当たり前になる。「意識→行動→習慣」です。

　では、美しい振る舞いとは何でしょうか。

　表情が柔らかい（無表情ではなく微笑み）、アイコンタクト（目線）が優しい、動作が丁寧（止め、溜め、余韻がある）、指先が揃っている、両手を使っている、ものの扱いで音を立てない、動作にメリハリがある（ながら動作ではない）……。

　このような些細な違いが全体の印象を変えるのです。

　その裏には、自分では気づかない、先輩からの多くの教えや注意の言葉があります。

　「あなたがお客様を見て笑顔になるのではなく、お客様があなたの笑顔で思わず笑顔になってしまった、と言っていただくのが、本当の笑顔なのですよ」

　「しっかりお客様の目を見ましたか？　お客様の本当の気持ちは目に表れるのですよ。優しい視線で相手の目を見て話すようにしたら、もっとお客様のことが理解できるはずよ」

　「あなたがドンと音を立てて目の前に飲み物を置かれたら、どう感じますか？」

　「キャビン（客室）では優雅に、お客様に焦った顔を見せないようにするのですよ」

　「ギャレー（台所）など見えないところではテキパキ効率よく動き、お客様の前のゆったりとした時間を作り、丁寧な所作動作で応対するのです」

　気づきのアンテナの感度を高める言葉たちです。あの頃うるさいとさえ思えた注意やアドバイスが、年月を経て宝となっているのです。

第**8**章

インターーンシップの
経験を活かす

インターーンシップで学んだことや気づいたことを今後の大学生活にどのように活かしていけばいいのでしょうか？
そして、就職活動、さらには卒業後の社会人生活にもつなげていくために、しっかりと振り返りをしていきましょう。

インターンシップでの経験を言語化する

就職活動の面接で、

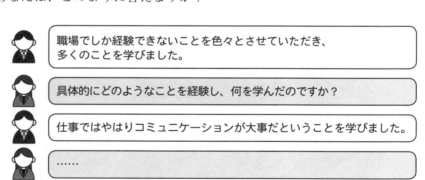

さてあなたは、どのように答えますか？

インターンシップ参加後の振り返りで、インターンシップで学んだことの1つとして、「仕事ではコミュニケーションが重要だ」と言う学生がよくいます。

厳しい言い方になりますが、中学生や高校生だって、仕事でコミュニケーションが大事であることくらい分かっています。

そこで私は少し意地悪に、「では、あなたはインターンシップに行くまで、仕事でコミュニケーションが重要だということを知らなかったのですか？」と質問します。

質問された学生は「知っていましたが……」と口ごもる場合が多いです。

　この学生はこれまで自分が思っていたコミュニケーションとは違う意味での重要性や、職場でのコミュニケーションとはそもそもどんなものなのかに気づいたのだと思います。それはとてもいい気づきなのです。インターンシップに参加したからこその貴重な学びです。

　しかし、その学びを〈自分の言葉にする＝言語化〉することができていないために、「仕事ではコミュニケーションが重要」というあまりにも一般的すぎる言い方で終わってしまい、自分でもよく分からずモヤモヤしたままになっているのです。表現したつもりでも表現できていないのです。

　大事なことは、うまく表現しようとすることではなく、自分は「何を」表現したいのか、「何を」伝えたいのか、という「何を」にこだわることです。

　コミュニケーションといっても、人によって捉え方はバラバラです。あなたの言う「コミュニケーション」とはどのような意味なのか、仕事をする上でどのように重要なのか、あなたが表現したい、伝えたい意味、重要性とは「何」なのか。この点を徹底的に考え言語化してください。

　振り返りとは、うまくできた、失敗した、もっとこうすればよかった……等、単に経験を思い出すことではありません。**それぞれの経験を〈自分の言葉にする＝言語化〉することです。**

成長する人と成長しない人

　同じ経験をしても、成長する人としない人がいます。

　その違いは、**その経験から得た学びを自分のものにし、次の経験に活かせるかどうか**、です。

　アメリカの組織行動学者のデービッド・コルブという人が提唱した「経験学習モデル」があります。

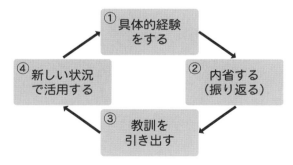

経験学習モデルとは、

①具体的な経験をすることを出発点とし〈具体的経験〉、

②次にその経験を多様な観点から振り返り〈内省〉、

③そこで得られた学びや気づきを他の状況でも活用できるよう、自分のやり方を考え〈概念化〉、

④そのやり方を他の場面で実際に試してみる〈実践〉

というサイクルです。

このサイクルで重要な点は、気づきを気づきのままで終わらせないということです。

さきほどの、「職場ではコミュニケーションが重要だ」という気づき。これで終わってしまっては、「やっぱり、そうだよね」と納得するだけで、さらなる学びにはつながりません。

「ではどうしたらいいの？」「だから私は何をしたらいいの？」「よし、コミュニケーション能力を上げよう！」どうやって？ コミュニケーション能力ってそもそもうまく話すことなの？……なんだかよく分かりませんね。

そうならないために、インターンシップの経験について〈内省〉と〈概念化〉をしていきましょう。

多様な観点から振り返る

第4章（☞ p. 51）で「インターンシップ学習計画書」を作成しました。計画書で考えた項目は以下の通りです。

「インターンシップ学習計画書」

❶表紙〈1枚〉

❷自己紹介〈1枚〉

自分の人柄が分かるような内容のみでOK。

❸インターンシップ参加の目的〈1枚〉

何のために参加するのか？

❹インターンシップ参加の目標〈1枚〉

インターンシップを終えた時に、どのステップまでクリアしたいのか、到達することを目指すのか？

❺インターンシップで携わる具体的な業務〈2枚以内〉

実習先企業について調べ、どのような業務に携わるのか具体的に想定（イメージ）する。

　　可能であれば実習先企業からフィードバックを受けて修正する。

❻**インターンシップで携わる具体的な業務で活用したい専門能力、汎用的能力**〈2枚以内〉

　　その能力を活用したい理由、その能力を身につけている根拠も示す。

❼**汎用的能力、専門能力を具体的にどのように活用したいのか（できるのか）**〈3枚以内〉

　　どのような場面で、どのように活用するのか具体的に想定（イメージ）する。

❽**その他、インターンシップ中に確認・観察したいこと**〈2枚以内〉

　　検証したい仮説、就業期間中に実行する具体的な行動を示す。

　「多様な観点から振り返る」という〈内省〉は、この「インターンシップ学習計画書」の「①表紙」以外の7つの項目（観点）から振り返ることを意味します。

　では1つずつ振り返っていきましょう。

　振り返るといっても漠然としていますので、考えやすいように点数化してみましょう。点数化できない、点数化しない方が考えやすいという人は、無理に点数化する必要はありません。

　あなたが考えやすい方法で振り返ってみてください。

点数化の方法

100点満点で点数をつけるとすると何点になりますか。なぜその点数をつけたのか、その理由をプラスの点、マイナスの点それぞれ書いてください。

---

❷**自己紹介**

点数＿＿＿＿＿＿点

　プラスの点：

　マイナスの点：

❸目的・❹目標

できたか、できていないかだけではなく、事前に考えた「目的」「目標」について、インターンシップを振り返ってみて、どのように感じているか、思っているのか、自由に書いてください。

【目的】

点数_____点

　プラスの点：

　マイナスの点：

■今感じていること、思っていること

【目標】

点数_____点

　プラスの点：

　マイナスの点：

■今感じていること、思っていること

❺インターンシップで携わる具体的な業務

■自分が携わった業務についての達成度はどうでしたか？

点数_____点

　プラスの点：

　マイナスの点：

8

■自分がイメージしていた業務内容と比べどうでしたか？
　（例えば、営業の仕事は自分のイメージと〇〇という点で違っていた、事務の業務は
　〇〇という点が大事である……等）

■事前にもっと調べたり考えたり、準備をしておくべきことはありましたか？

---

❻インターンシップで携わる具体的な業務で活用したい汎用的能力、専門能力

■試してみたい汎用的能力、専門能力は妥当でしたか？
　新たな汎用的能力、専門能力の発見はありましたか？

■自分では身についていると思っていたが、実際はそれほどでもないと感じた能力はあ
　りましたか？

---

❼汎用的能力、専門能力を具体的にどのように活用したいのか（できるのか）

■実際に、どのような場面で、どのような能力を活用することができましたか？

点数_____点

　プラスの点：

　マイナスの点：

■あなたが今後、身につける必要のある能力はありますか？
　あるとすると、その能力はどのようにすれば身につけることができますか？

❽その他、インターンシップ中に確認・観察したいこと

あなたが確認・観察したい項目について立てた仮説は、実際はどうでしたか？

【確認・観察したいこと①】

【確認・観察したいこと②】

【確認・観察したいこと③】

インターンシップ全体を通して、点数をつけてください。

点数＿＿＿＿＿＿＿点

　プラスの点：

　マイナスの点：

あなたにとってインターンシップに参加した意味は何でしたか？

ひとことで言うと何ですか？

あなたはどうなりたいのか？

就職活動を意識してインターンシップに参加した人も多いと思います。「内定が欲しい」「内定が取れるかどうか不安だ」、その気持ちはよく分かります。

このテキストで何度も伝えてきたことですが、数カ月後の内定をゴールにしないでください。

あなたのゴールは、内定のもっと先にあります。

「自分はどうなりたいのか？　どのような人生にしたいのか？」を考え、実現することです。

就職を考えるとき、自分の人生について考えることは避けられません。

そもそも、何を実現したくて就職するのか？

それを実現するために、どのような選択が現時点でベストなのか？

そう思える企業であれば、入社すればいいのです。

就職活動も入社する企業も、その選択肢の1つであり、手段です。

しかし、就職活動に向かう学生のほとんどは、マニュアル本を読み、大学で開催される就職ガイダンスに参加し、WebサイトやSNSで検索し、とりあえず内定を得ることだけを目指すといった、本末転倒な就職活動をしているように思います。

その結果、入社後も、目の前のこと、会社からやれと言われたことをやり続け（やらされ続け）、自分の幸せとは何なのかさえ見失ったビジネスパーソンが大量に生み出されているように思います。

このテキストを読んでいる皆さんには、そのような就職活動をして欲しくないし、そのような人生を送らないで欲しいと願っています。

自分にとって幸せな生き方を深く考えるきっかけが、今回のインターンシップだったはずです。

最後のまとめとして、くどいようですが、もう一度。

あなたはどうなりたいのですか？　どのような人生にしたいのですか？

第8章のまとめ

▶振り返りでは、学びや気づきを〈自分の言葉にする＝言語化〉することが重要。うまく表現しようとすることではなく、自分は「何を」表現したいのか、「何を」伝えたいのかにこだわる。

▶同じ経験をしても、成長する人としない人の違いは、その経験から得た学びを自分のものにし、次の経験に活かせるかどうか。

▶経験学習モデルは、①具体的な経験をすることが出発点〈具体的経験〉⇒②その経験を多様な観点から振り返る〈内省〉⇒③そこで得られた学びや気づきを他の状況でも活用できる自分のやり方を考える〈概念化〉⇒④そのやり方を新しい場面で実際に試してみる〈実践〉というサイクル。

▶最後のまとめとして、もう一度。あなたは、どうなりたいのか？ どのような人生にしたいのか？

コラム　小さなことほど大切に

　私には、今でも忘れない、会社で働いていたときの 2 つの苦い経験があります。

　ある日、お客さんを訪問するために最寄り駅で入社 2 年目の社員と待ち合わせていました。その社員は待ち合わせ時間を 5 分過ぎてやってきたのです。急いで歩いても 2 〜 3 分遅刻しそうです。「よく知っているし、2 〜 3 分なら許してくれるだろう」と思い、これから向かうお客さんには「別に連絡しなくてもいいよ」と私は若い社員に言いました。

　しかし、その考えが間違っていました。到着すると「今日は帰ってください。2 分でも遅刻は遅刻です。御社とは親しい関係ですが、仕事でお付き合いしている以上、なれ合いはお互いにとっていけませんから」と冷たく告げられました。思わず心の中で「2 分くらいいいじゃないか。遅れたのも、私じゃなくてこの社員のせいなのに……」とつぶやきました。今となっては、なんて大人げないいらだちをしていたのかと反省しきりです。

　もう 1 つの経験は、お客さんへのプレゼンの日のことです。前日に担当の若手社員が、明日のプレゼンには何名が参加するのか確認したところ 5 名ということでした。そこで当日は 5 名分の資料を持参したのですが、急遽 1 名が追加で参加されることになったのです。プレゼン資料が 1 名分足りません。「前日に 5 名とお聞きしていたので、5 名分しか資料を準備しておりませんで……」とお詫びしたところ、「こういうときに御社の姿勢が出るんだと思いますよ」と強い口調で言われたのを今でもはっきりと覚えています。

　「大事は小事より起こる」ということわざがあります。ちょっとした小さなことが、大きなことを引き起こす原因になるという意味です。たかが 2 分の遅刻、たかが 1 名分の資料不足、小さなことですが、それが原因でお客さんの信頼を失い、取引がなくなってしまうことだってあるのです。

　小さなことにこそ、その人の本質が出るのです。

　大学の授業やテストの後に、自分で出した消しゴムのカスをそのままにしたり、机の下に捨てて教室を出ていく学生がいます。消しゴムのカスをサッと集め、さりげなくティッシュに移してポケットにしまって退出する学生もいます。

　ある企業の人事担当者が「会社説明会が終わった後に机を見て回り、消しゴムのカスがそのままになっている机があると、名簿でどの学生であるか確認し、その学生は次の選考に呼ぶことはありません」と言っていました。

　たかが消しゴムのカスですが、それが原因で内定を得られない、大袈裟に思うかもしれませんが、実際にあり得ることだと思います。

インターンシップに参加した先輩学生のレポート

　ここでは、2つのレポートを紹介します。これらのレポートは、私が所属する大学で開講されているインターンシップの授業を受講した学生が書いたものです。

　このテキストで、インターンシップに参加する前の準備、終わった後の振り返りについて考えてきました。インターンシップに参加する前後がどのようにつながっているのか、ということをイメージしてもらいたいと思い、参考として先輩学生のレポートを掲載しました。

　自分だったらこんなことを考えるかな、こんな準備も必要なのかな、こんなふうに行動することはできなかったのかな……というように、「自分だったら」という気持ちで読んでみてください。学生が書いたレポートをほぼそのまま掲載しているので、読みづらい、分かりづらい表現がありますが、許してくださいね。

① Aさんのレポート

> **テーマ：インターンシップから学んだこと**
> **実習先企業：C社（金融業）**
>
> ### 1. はじめに
> 　私がインターンシップの授業を受講したいと思った背景には、「事前授業で社会人としてのマナーや立ち居振る舞いを学びたい」「今後の就職活動の役に立ちそう」「自分のこれからの進路を決める手掛かりにしたい」という思いがあった。そして、実際にインターンシップを行った〇〇は、これまで就職先として考えたことのない業界であった。そんな私が実習先を〇〇に選んだ理由は、マイナビの適性診断で〇〇が1番適性だと診断されたからである。その結果を受けて、〇〇での仕事の何が私に向いているのか、実際に体験して知りたいと思ったのだ。
>
> ### 2. 企業について
> 　私がインターンシップに参加した〇〇は、多くの地域の方々との交流イベントを開催するなど地域に密着することを大切にしている企業である。同社でのインターンシップは、対面で7日間実施された。実習内容としては、社会人の基礎やマナー、〇〇の仕事について講義形式・ビデオ・ケーススタディなど様々な方法で学んだ。社員の方々との座談会では、普段は聞けないような採用に関する質問ができたり、最終日には模擬面接をしたり、非常に学生に寄り添った内容が多か

った。また、〇〇設計ゲーム・窓口ロールプレイング・〇〇提案など、店舗実習はできなくなったが、より実践的な体験をすることができた。グループワークも多く、〇〇提案やテーマに沿った発表も行った。

3. 事前授業を踏まえた目的・目標・計画の概要

　インターンシップを実施する前に、参加する目的や目標、そのための実行計画を立てた。まず、目的は〇〇社での仕事の何が私に向いているのか知ることだ。私は、現時点でこれからの進路について明確な答えがない。そのため、初めに述べたように適性と判断された仕事を体験し、どういった部分が私に向いているのか知り、今後の進路選択の参考にしたいと思った。

　目標は、全部で3つある。1つ目は、主体性を持って行動することだ。主体性を持って実習に参加することで、ただ受け身になって参加するよりも何倍もの学びを得ることができると思い、この目標を掲げた。

　2つ目の目標は、先のことを考えて行動することだ。私は自分で計画を立てて行動することが苦手である。それは、先のことを考える力が足りておらず、実行するには無茶な計画を立てるため、実行ができないことがしばしばあるからだ。そこで、今回のインターンシップ中、指示されたことだけでなく、次に自分が何をすべきか考えて行動できるようにしたいと考えた。

　3つ目の目標は、自己分析ができるようになることだ。現時点での自分の考える長所と短所が合っているのか、また別の部分なのか知りたいと思った。自己分析ができるようになることは、自分に合った就職先を決める大きな手掛かりになる上に、自分がどのような人間か問われた時に、実習での体験談を交えて説明すると説得力が増すと思った。

　これらの目標を達成するために、目標に応じた行動計画を立てた。まず、1つ目の「主体性を持って行動をする」という目標のために、1日3回以上質問をするという計画を立てた。なぜなら、主体性を持つためには、積極的に質問をすることが大切だと先輩達が口を揃えて仰っていたからだ。質問をすることで、話をただ聞くだけ以上に内容の理解を深め、また新しい疑問を見つけるきっかけにもなると考えた。

　次に、2つ目の「先のことを考えて行動する」という目標のために、社員の方々の行動をよく観察するという計画を立てた。実際に社員の方と一緒に働くことで、同じことについて取り組んでいても、行動に差が出てくるはずだ。社員の方がしていて自分はできていないことを吸収したいと思った。

　最後に3つ目の「自己分析ができるようになる」という目標のために、現時点で自分の考える長所と短所を実習中に試すという計画を立てた。そうすることで、

それらが合っているのか、または別の部分なのか確認したいと思った。試すとは具体的に、今自分が考える長所はコミュニケーション能力の高さだから、社員の方々に積極的に会話をする機会を作り、スムーズなコミュニケーションを取れるかどうか確認するということである。

4. 活動と評価

　次に、インターンシップの実習中に上記の行動計画を行った結果と達成度について述べる。十分達成できた計画や、達成度は低いものの新しい発見が得られたこともあった。

①1日3回以上質問をする【達成度80%】

　毎日実習を通して疑問に思ったことや、社会人の方に聞きたい質問を考えて3回以上質問することを計画した。計画通り3回以上質問をすることはできたが、実習内容の方法などの単純な質問を含んでしまった日もあったため、達成度は80%と評価した。しかし、社員の方々との座談会では、準備していた質問以外にも、話の中で気になったことや、他のインターン生の質問に付け加えて質問するなど、積極的にたくさんの質問をすることができた。その結果、普段は聞けないような細かい内容や、社会人の方だからこそ答えられるような答えを聞くことができた。達成度としては、100%ではないが、満足する結果を得ることができた。

②職員の方々の行動をよく観察する【達成度100%】

　実習を通して、社員の方々の言葉遣いや、さりげない気遣いのある行動を観察した。学生相手にもかかわらず、とても丁寧な言葉遣いで1人1人に合わせた暖かい声かけをしてくださったり、我々の緊張をほぐすためのプログラムを組んでくださったり、様々な場面で見習うべき部分を見つけることができた。また、ケーススタディやPDCAについての学習、〇〇提案のワークをした際に、自分の解答と模範解答を比べるとその差がよくわかった。

　例えば、PDCAを基に仕事の優先順位を考えて、計画を立てるということを実践した。私は、メモに書いてある事情などを考慮して仕事の順序をつけたため、その優先順位はほとんど模範解答と変わらなかったものの、模範解答には仕事を始める前に確認することや、訪問先へのアポイントの電話をすることなどがプラスされていた。私は、仕事の順番を考えることに必死でそういったところまで配慮が至らなかったため、社員の方との先を考える力の差を感じることができた。また、〇〇提案の実践をした際には、お客様の情報が記載されている資料から、その方にあった〇〇提案をしたのだが、社員の方の模範解答には、少ない情報から様々なパターンを考えた提案がされており、私には思いつかなかったものばかりで、想像力と洞察力の差も感じることができた。

③現時点での自分の考える長所と短所を実習中に試す【達成度 100%】

　まず、現時点で考える自分の長所であるコミュニケーション能力の高さを試した。社員の方々と笑顔で明るく話し、スムーズにコミュニケーションを取ることができた。また、グループ発表をするメンバーが決定された時、自分からグループのメンバー全員に声をかけ、集まって進め方などを話し合うことができた。社員の方々からのフィードバックでコミュニケーションの取り方や、積極的な姿勢を褒めていただけたから、長所として合っていると確認できた。また、短所と考える自分で計画を立て実行する力のなさは、実習内容にあった1日の仕事のスケジュールの立て方で実践したり、実習期間に家に帰ってからの行動を計画したりすることで試した。計画に関しては、徐々に実現可能なものを立てられるようになってきた。しかし、家に帰った後の行動は疲れもあり、計画通りに実行できないことがしばしばあった。自分で立てた計画に対してもっと厳しくなる必要があると感じた。

5.　成長と今後に向けて

　私は今回のインターンシップを通して、成長したことが3つある。1つ目は、主体性の向上である。今回のインターンシップが初めての参加で、初日は緊張や不安でいっぱいで、少し委縮してしまっていた。しかし、他大学の学生の自信のある話し方や、社員の方に質問された時に積極的に挙手して答える様子などを見て、「負けていられない」と刺激を受けた。そのことによって、それ以降自ら挙手して発言したり、同じグループのメンバーに自ら声をかけにいったりできるようになった。今後は、初めから主体性を持って行動し、私がそうであったように、周りの人に刺激を与えられるようになりたいと思った。

　2つ目は、周りを見る目が養われたことだ。社員の方々をよく観察するという行動計画を立てたこともあって、周りをよく見ることができたと思う。言葉遣いや気配りの姿勢など、良いところをたくさん見つけることができたため、これから真似していこうと思う。また、その成果もあり、インターンシップ後半のグループワークでは、ただ自分が率先して話そうとするだけではなく、グループのメンバーの様子を見て、必要な役割に率先して回ることができた。周りを見る力は、今後同じようなグループワークをする際にも、社会に出て気配りができるようになるためにも、先のことを考えて行動できるようになるためにも必要であるから、今回のインターンシップで実践したように普段から色々な人を観察することを続けたいと思った。

　3つ目は、今回のインターンシップに参加する目的であった「〇〇の仕事の何が自分に向いているのか知ること」ができたことである。インターンシップ中、社員の方々は口を揃えて、この仕事をするには仲間やお客様とのコミュニケーシ

ョンがとても大切だと仰っていた。私はコミュニケーションを取ることが得意で、その部分を社員の方々にも褒めていただけたことから、そのコミュニケーション能力があるという点が、〇〇の仕事が向いていると診断された理由の1つだと考えた。インターンシップを通して、〇〇の仕事を学び、お客様に寄り添った仕事で、自分の得意なことを活かすことができる仕事だと知り、今後の進路選択の選択肢の1つとして考えようと思った。

6. 本科目全体の理解や効果

　私は本科目を受講したことに非常に満足している。なぜなら、本科目の事前授業を受講していなければ、インターンシップに参加する目的・目標・計画を深く考えることができず、曖昧になったまま参加していたと思うからだ。そうなっていたら、得られたものは今より格別に少なかったと思う。

　また、就職活動に対して意識の高い学生たちと一緒に事前・事後学習することで、その考え方や姿勢にとても良い刺激を受けた。1番印象的だったのは、クラスメイトとすぐフィードバックをし合う授業形式である。前に立って自分の考えを発表する機会が多く、その都度クラスメイトと質問や感想を言い合うのだが、そのフィードバックのおかげで新しい自分の特徴の発見に繋がったり、新しい考え方を取り入れたりすることができた。

　最後に、本科目では社会人になる事前準備を学ぶことができるだけでなく、しっかりとした自己分析をすることができ、刺激的な環境で新たな発見を得ることができる、これからの就職活動において非常に良い効果がたくさんある場である。

✎ **ワーク：Aさんのレポートを読んで、気づいた点、感じた点など、自由に書いてください。**

② B さんのレポート

テーマ：自己理解とさらなる課題
実習先企業：D 社（サービス業）

1.　はじめに

　このレポートは、インターンシップでの実施計画達成度の結果と、インターンシップに参加して新たに得た学びや今後の課題についてまとめたものである。

　はじめに、今回のインターンシップの実習概要に触れ、次に実習前に設定した目的・目標・実施計画について述べる。その後に、それぞれの実施計画の達成度について説明し、その上で今後のさらなる自己成長に向けて必要なことについて言及する。最後に本科目「インターンシップ」の効果について記す。

2.　実習概要

　私が今回お世話になった〇〇は、〇〇市域で唯一の観光振興を目的に活動する団体である。行政や〇〇市の様々な事業者と連携し、〇〇市での観光情報の発信や、現在〇〇市が抱える観光における課題を解決すべく活動している。

　〇〇でのインターンシップは、対面で 8 月 22 日から 9 月 2 日までの 10 日間実施した。実習期間中は、主に〇〇の公式 SNS アカウントやホームページを更新する企画推進課の皆様にお世話になった。主な実習内容は SNS アカウントで発信する〇〇市のイベント情報などの投稿ネタの収集及び投稿文の作成である。

　また、4 日目には〇〇市の事業者さんとインバウンドの受け入れに向けて〇〇市観光を盛り上げていくために開催されたセミナーに参加させて頂いた。さらに 5 日目には、〇〇駅構内にある総合観光案内所「〇〇なび」にて、カウンターでの観光客の接客を見学した。その他にも多種多様な業務に携わらせて頂き、最終日には職員の皆様の前で 10 日間の学びを発表した。

3.　インターンシップ参加の目的・目標・実施計画

　私がインターンシップ参加前に設定した、今回のインターンシップに参加する目的は「就職活動に対し十分な心構えが持てている人間になる」ことだった。この目的を達成するために三つの目標を立てた。

　一つ目の目標は「観光業界の業務と自分自身の相性を確かめる」こと、二つ目の目標は「言語化能力の不足という自分の弱みを改善する」こと、そして三つ目の目標は「社会人としての生活を身につける」ことである。これら 3 つの目標を成し遂げるため、さらに二つずつの実施計画も設定した。

　一つめの目標である「観光業界の業務と自分自身の相性を確かめる」を達成するために、「自ら積極的に質問する」「職場の雰囲気をよく見学する」という実施計画を設定した。

　二つ目の目標である「言語化能力の不足という自分の弱みを改善する」を達成するために、「一日の学びと感想を簡潔にまとめる」「人が見てわかりやすいメモを取る」という実施計画を設定した。

　そして、三つ目の目標である「社会人としての生活を身につける」を達成するために、「相手に良い印象を与える所作を意識する」「社会での目上の方との接し方を学ぶ」という実施計画を立てた。

4．実施計画の達成度

　実習中に実施した6つの実施計画の達成度について述べる。10日間のインターンシップ期間中、一日を通しての六つの実施計画の達成度及び感想を記録した。それらの10日間の記録を元に、今回のインターンシップ全体での六つの実施計画の達成度について、5を最も達成できた値として5段階評価で記述する。

①自ら積極的に質問する（4）

　自分から〇〇の業務について理解を深めるために実施した。インターンシップ実習の初めの頃は、緊張して自分から質問する機会を作れることが少なかった。また、様々な会議に参加させて頂いた際も、質問する機会を設けて頂いたにもかかわらず、メモを取ることに集中し過ぎてしまい、質問を考える余裕がなかった。しかし、この反省を踏まえて実習後半には、メモを取ることだけに集中せず、職員の方の話を聞く中で出てきた疑問を頭の中で整理し、質問を考えることをよく意識した。さらに、職員の方が話されている中で、いつ質問するべきか、質問するタイミングのつかみ方も習得できた。

② 職場の雰囲気をよく見学する（5）

　他では知ることのできない、観光業界での業務の雰囲気を知るために実施した。今回のインターンシップでは、私は職員の皆様とは少し離れた隔離されたところで業務を行っていた。そのため、その席から見ることができる職場の風景は限られていたが、日々職場の雰囲気を見学する意識を持つことができた。皆さんそれぞれの業務に取りかかっておられて、電話対応をしておられる方、他の職員さんと何かを話し合っておられる方、パソコンに向き合って一人で何かを考えておられる方など、皆さん同じ空間の中でいろんなことをしておられた。その中でも、お仕事について堅く話されているのではなく、談笑をされている方も多くいらっしゃって、職場の全体の雰囲気がとても明るいと感じた。

③一日の学びと感想を簡潔にまとめる（3）

　重要な事柄を適切にピックアップする力を身につけるため実施した。10日間毎日、一日の学びと感想をまとめることはできたが、簡潔にまとめることは困難で、とても時間が掛かった。特に、インターンシップ実習初日は一日に得た学びが多かったため、本当に必要で重要な部分を厳選することができなかった。その点、重要な事をピックアップすることはできるが、簡潔にまとめることが苦手であり、改善していくべき部分であることを痛感した。

④人が見てわかりやすいメモを取る（4）

　頭の中ですばやく物事の要点を理解する力を身につけるため実施した。実習全体を通して、綺麗な字で見やすい構成のメモ取りを意識した。しかし、書くことがたくさんあると、聞こえたことをただ書き留めるだけになってしまう事が多かった。また、理解するのに難しい内容を聞いているときには、話を理解するのに意識が傾き、実施計画を達成できるような十分なメモを取れていないことがあった。そのため、この反省を踏まえて、聞いたことを文のまま書き留めるのではなく、単語のみ書き留めることの意識や、箇条書きや記号、改行を適宜取り入れて、人が見てわかりやすいメモを取る意識を十分にした。

⑤相手に良い印象を与える所作を意識する（3）

　社会に出るために必要な綺麗な所作を実践した。初めに、インターンシップ初日の挨拶では、事前学習で練習した時のように丁寧なお辞儀を実践した。また、綺麗な歩き方も日々実践することができた。綺麗な座り方も同様に意識したが、長時間座って業務を行う際は、意識が薄れて綺麗な座り方を保つことができていない事が多かった。崩れた座り方は相手に良くない印象を与えると強く感じるため、今後直していくべき点だと感じた。すぐ直せるものではないため、普段から意識を持つよう努める事が必要だと感じる。

⑥ 社会での目上の方との接し方を学ぶ（5）

　学生やアルバイトとしての立場とは異なる社会でのコミュニケーションを学ぶため実施した。実習期間中、多くの場面で目上の方々との接し方を見学し、良く学ぶことができた。職場では職員の皆さんそれぞれの距離がとても近く、またお仕事の最中でも年齢や職場での立場は関係なくよく談笑されていた。その中で、職員の皆さんが目上の方に接する場面では、綺麗で丁寧な言葉遣いをされておられて、目上の方の立場からしても、とても良い気持ちになるような言葉遣いだった。今の私には、正しい敬語を使い、適切な言葉遣いは十分にできていないと身に染みて感じたため、丁寧な言葉遣いの習得が必要である。

5. 今後の自己成長に向けて

　今回の〇〇でのインターンシップに参加して、自分自身をよく見つめ直し、今の自分の状況をよく知ることができた。特に、自分自身のこれから改善していくべき弱みについてよく理解することができた。今回のインターンシップを通じて痛感した今後改善していくべき自身の弱みは二点ある。

　一点目は完璧主義であるという点である。インターンシップ期間中、私はSNS投稿文作成などの自分で一から決めて、一から自分の言葉で書き始めるという作業を体験させて頂いた。それらの業務を行う中で、自分が納得するものでないと先に進めないこの「完璧主義」という性格によって、とりあえずやってみることがとても苦痛に感じた。社会では自分のペースで業務を進めず周りに合わせる必要があることを学び、完璧を求めて完成させるのに長い時間をかけてしまうこの性格は、速急に改善すべき点だと感じた。

　二点目は言語化する能力の改善である。今回のインターンシップに参加するにあたり、この「言語化能力の改善」を目標のひとつに設定した。しかし、10日間の実習期間を終えて、まだこの能力は身についてないと痛感している。「言語化能力の改善」をするために設定した二つの実施計画の他にも、職員の方々に自分の意見や感想を自ら伝えようと努力した。だが、頭の中で感じていることを適切な言葉を持ってきて、組み立てることができなかった。このことから、今回のインターンシップを通じて、私は頭の中で考えていることおよび伝えたいことが多く、それらの情報からどれを引き出して作文をすれば、上手く伝わるのか理解できていないということに気づくことができた。

6. 本科目の理解と効果

　私は本科目を受講することで、二つの大きな効果を得ることができると考える。

　一つ目は、社会で働くことの覚悟や就職活動に向けての意識を持つことができることという点だ。本科目ではインターンシップ参加までに、多くのことを自分で行う必要がある。事前訪問の電話によるアポイントメント取りや事前訪問、事前学習に前もってしていくべき課題など、何をすべきかどうやるのか誰も教えてくれない。全て一から自分で行動を起こす必要があり、これは社会では自分の行動に責任を持たないといけないことをよく経験できると感じた。

　二つ目は、様々な業界・業種を目指す学生と関わることができることだ。様々な目的を掲げる学生と関わることで、多くの異なる就職活動にむけての取り組みを知り、自らの視野を広げることができる。また、他の学生と自分の違いを知ることで、より自分自身と向き合うことができると感じる。

7. おわりに

　本レポートでは、10日間のインターンシップで行った実施計画の達成度について述べ、その結果を踏まえて分かった自分自身の成長や、さらなる改善が必要である課題について触れた。今回得た社会で必要な多くの学びを今後の就職活動の際に活かして、さらに自分自身を成長させていくことに尽力する。

✎ **ワーク：Bさんのレポートを読んで、気づいた点、感じた点など、自由に書いてください。**

知っておこう!! トラブルに合わないために
4人に1人が経験する就活ハラスメントとは!?

　「就活ハラスメント」という言葉を聞いたことがありますか？　企業の採用担当者などが就職活動中やインターンシップ中の学生に対して行うハラスメント行為のことです。セクハラ、パワハラ、オワハラ（内定を出す条件に他社の就活を終えるよう強要）などが代表的な例です。

　就活ハラスメントは、学生である皆さんの人格や尊厳を傷つけるだけでなく、就職活動そのものや、将来のキャリアにも影響を与える可能性があります。就活ハラスメントの存在とその内容について理解し、被害にあったときの対応方法を知っておきましょう。

　厚生労働省の調査[*1]では、就活ハラスメントの被害を受ける学生は4人に1人です。どのような被害を、誰から、いつ受けるのか見ておきましょう。

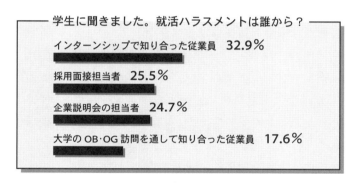

学生に聞きました。就活ハラスメントは誰から？
- インターンシップで知り合った従業員　32.9%
- 採用面接担当者　25.5%
- 企業説明会の担当者　24.7%
- 大学のOB・OG訪問を通して知り合った従業員　17.6%

就活ハラスメントを受けた場面は？
- インターンシップに参加したとき　34.1%
- 企業説明会やセミナーに参加したとき　27.8%
- 就職採用面接を受けたとき　19.2%

どのようなハラスメントを受けた？
- 性的な冗談やからかい　40.4%
- 食事やデートへの執拗な誘い　27.5%
- 性的な事実関係に関する質問　26.3%

このデータからも分かる通り、就活ハラスメントを受けるのはインターンシップがもっとも多いのです。就活ハラスメントの具体的な例としては以下のようなものがあります。

・面接で「恋人はいるのか」と質問されたり、オンライン面接時に「全身を見せて」と言われた。
・女子学生に対し、採用の見返りに不適切な関係を迫った。これを断ると、「うちの会社には絶対入社させない」と不採用とした。
・自社の内定を出す条件として、就活生に対して他企業からの内定を辞退するよう迫る、いわゆる「オワハラ」をした。
・インターンシップ中の学生に対し、人格を否定するような暴言を吐いた。

厚生労働省「就活ハラスメント 対策リーフレット」[*2] より事例を抜粋

ハラスメントはもちろん行為者が悪いのですが、就活ハラスメントの被害にあわないために、自分でできる対策も考えておくことも大事です。

実際に遭遇しそうな場面で気をつけるべき点[*3]
・個人の携帯メールや SNS でやり取りすることは避けましょう。
・過去の就活ハラスメントの事件では、採用担当者が食事や飲酒を強要したり、個室で 1 対 1 の面談を求めたり、個人の携帯メールや SNS アプリで連絡を入れてくるといったことがありました。このような不適切な要求に応じる必要はありません。
・また、自社の内定と引き替えに、他社の選考活動の中止や内定辞退を迫るいわゆる「オワハラ（就活終われハラスメント）」もあります。このようなオワハラに対しては、自分の意思をしっかり持ち、断る場合はきっぱり毅然と断る必要があります。

「これはハラスメントではないか」と感じたら、ためらわずに相談をしてください。ハラスメントはあなたのせいではありません。

「就職活動に不利になるのではないか」、「自分が我慢すればいい」と黙っていると、より多くの学生が被害にあう可能性が高まります。あなたの安全を守るためにも 1 人で抱え込まず、早い段階で相談してください。

就活ハラスメントの相談先[3]
・大学のキャリアセンター、ゼミの先生、その他大学の教職員
・応募企業の人事部・コンプライアンス部門等
・都道府県労働局　雇用環境・均等部（室）

[1]　厚生労働省「令和 2 年度職場のハラスメントに関する実態調査報告書」
[2]　厚生労働省「就活ハラスメント 対策リーフレット」〈https://www.no-harassment.mhlw.go.jp/pdf/syukatu_leaflet6P.pdf（最終確認日：2024 年 2 月 1 日）〉
[3]　厚生労働省ウェブサイト「学生の 4 人に 1 人が被害⁉ 就活ハラスメントで困っていませんか？」〈https://www.no-harassment.mhlw.go.jp/syukatsu_hara/student/（最終確認日：2024 年 2 月 1 日）〉

知っておこう‼ 守秘義務について
気楽に SNS で発信すると大変なことになります

　インターンシップでは、企業において実際に仕事の一部に関わるため、何らかの企業秘密に触れることになります。企業秘密は、その企業にとって重要な財産であり、漏洩することで大きな損失を被る可能性があります。以下に、インターンシップに参加する際に留意すべきポイントを示します。

守秘義務　インターンシップ先企業の機密情報や個人情報などを、インターンシップ中や終了後に外部に漏らさないという義務です。守秘義務に違反した場合、企業に損害を与えることになりますので、法的に責任を問われる可能性があります。そのため、インターンシップに参加する学生は、企業との契約や誓約書（内容については、次ページの「誓約書」を参考にしてください）を交わすことが一般的です。守秘義務はインターンシップ終了後も継続して適用されますので十分注意してください。

SNS や友人との会話にも注意　インターンシップ先で撮った写真や動画を SNS 等にアップしたり、友人や家族に話したりすることも守秘義務に違反します。「今日はこんなことをした！」「こんな所に連れて行ってもらった！」と SNS にアップしたくなるでしょうが厳禁です。「バレないから大丈夫」と思っているのはあなただけです。もしバレた場合は、学生であるあなただけでは責任が取れないほどの大きな問題に発展するかもしれません。「こんな大事になるとは思っていなかった」と後悔しないよう、十分に注意をしてください。

企業の評判に影響　あなたの言動や行動が原因でインターンシップ先企業の評判や信頼に悪影響を及ぼす可能性があります。お客様や取引先にとっては、相手が社員であろうとインターンシップ学生であろうと関係ありません。「インターンシップの学生だからしかたがない」などと思ってくれることはありません。インターンシップ中には、その企業の社員になったつもりで責任ある行動をしてください。

　以上のように、あなたの無責任な行動によって企業に損失を与えてしまった場合には、大学側も法的責任を負う可能性があります。「○○大学の学生はダメだなあ」とあなたが通う大学の評判も下げてしまいます。
　「○○大学」というあなたが通う大学の名前を背負っている自覚を持ち、社会人としての責任感を持ってインターンシップに参加してください。

全て記入し、署名・捺印が終わりましたら、一部を持参して下さい。（原本は弊社が保管、コピー一部を学生が保管）

誓約書

＿＿＿＿＿＿＿＿＿＿御中

私は、貴社にインターン生として受け入れて頂くにあたり、次の事項を確実に遵守することを誓約いたします。

1. 貴社の就業規則及び服務に関する諸規程等を尊重し、貴社インターンシップ担当者の指導にそって誠実にインターンシップに参加することとします。
2. 貴社への提出書面に虚偽の記載を一切しないこと。
3. インターンシップ期間中、住所の異動その他、身上に重大な変動があった場合は直ちに貴社へ届けでること。
4. 貴社施設への利用に際しては、
   (1) 貴社の定める立ち入り禁止区域に立ち入らないこと、
   (2) 貴社施設をインターンシップ以外の目的に使用しないこと、
   (3) 貴社施設に第3者を立ち入らせないこと、
   (4) その他貴社諸規程及び責任者の指示に服すること。
5. インターンシップ期間中に知り得たいかなる事項については、インターンシップが終了した後といえども、貴社の書面による許可なく、第3者に開示・漏洩し、若しくは不正使用しないこと。特に貴社においてインターンシップ期間中取り扱う書類、ノート、磁気ディスク、その他これに類する資料及びその写しなど企業秘密資料の保管・管理については
   (1) 貴社の諸規程・命令・指示に従うこと、
   (2) 貴社の書面による許可なく第3者に譲渡・貸与し、若しくは自ら不正使用しないこと、
   (3) インターンシップ終了後は直ちに貴社に返還すること。
6. インターンシップ期間中取り扱うパソコン（企業秘密資料が保管されているもの。貴社支給・私物問わず）には、責任者の指示がない限り、ファイル共有ソフト等、情報漏洩の危険性があるソフトのインストールおよびネットワーク接続を一切しないこと。
7. インターンシップ期間中に発生した著作権及び工業所有者等の成果物の所有権の一切は、貴社に原始的に帰属すること。
8. 処遇概要確認書を承諾したことを確認し、貴社に一切迷惑をかけないこと。
9. 本誓約書に定めなき事項については、責任者の指示を仰ぎ、その指示に従うこと。
10. 万一、上記事項のいずれか一つにでも違反した場合、或いは貴社において私が研修生として不適当であると判断された場合には、インターン期間（令和＿＿年＿＿月＿＿日から令和＿＿年＿＿月＿＿日まで）中といえども即時インターンシップを中止されても異議を唱えないこと。また、その場合は、法的措置（損害賠償、差止請求）等に服すること。
11. 上記に関する紛争についての管轄は【貴社所在地所管の地方裁判所の名前】とする。
12. 本誓約書および処遇概要確認書については、第5条の秘密保持規程を除き、上記インターンシップ期間中において有効とすること。
13. 本誓約に定めのない事項及び本誓約書の運用、解釈に疑義が生じた場合は、法令または慣習に従い協議の上、誠意をもって解決する。

以上

インターン生　氏名＿＿＿＿＿＿＿＿＿＿＿　印

20歳未満のインターン生は、次の欄も記入

保護者住所	保護者氏名（自署）	契約者との関係
	印	

出典：経済産業省（2012）『成長する企業のためのインターンシップ活用ガイド活用編』29頁より作成（一部改変）

インターンシップ Q & A
こんなとき、どうしたらいいの？

　学生からの事前質問やインターンシップ後の質問を集めた Q&A です。

　必ずしも決まった答えがあるわけではありませんが、基本的な考え方を示しているので、自分で判断する材料として使用してください。

【前日準備】

Q 持ち物で何か必要なものはありますか？

A 基本的に会社からの指示があったものを絶対に忘れないように持参しましょう。印鑑なども持っておくとよいでしょう。またポケットに入る小さなメモ帳とペンを、必ず準備しておきましょう。

> 📖 **1Point アドバイス**　書類を持っていく場合は、クリアファイルに入れて、シワがよったり、角が折れてしまわないように、気をつけましょう。そのようなことから、仕事の雑さが見えるものです。

Q 前日の準備は何をしておけば良いでしょうか？

A もう一度、仕事内容などの情報、企業ホームページなど、再確認をしておきましょう。

　不安な点はこのテキストを読み返し、イメージトレーニングをすることも役に立つはずです。

　会社までの交通ルートを調べるときは、余裕を持った時間設定をしておきましょう。運休になった場合の別ルートや、出社時間はラッシュアワーになるため思うように乗り継ぎができないことも考慮しましょう。
初めての場所に出社する際には、心配であれば事前に行ってみるなど、自分なりに準備をしておきましょう。

【出社まで】

Q 出社時間のどれくらい前に行けば良いですか？

A 出社時間とは「全ての準備が整って仕事がスタートできる時間」です。
15分前くらいが目安ですが、人によって準備にかかる時間や、着替えが必要な場合など、それぞれ状況も違うため、不安ならば事前に企業の担当者に相談や問い合わせをしましょう。
　あまり早く行きすぎることで、誰もいらしていなかったり、開錠などでかえって迷惑をかけたりする場合もあります。
　慣れてくるとペースも見えてきますが、不安なうちは自分が心に余裕を持てる時間に向かいましょう。会社の近くのコンビニやカフェで時間の調整をするなど、職場の環境に合わせて考えましょう。

Q 電車が事故で止まってしまったら、どうしたらいいですか？

A 「悪いときこそ早めの報告」（☞ p.66）です！
　時間に余裕を持って出たので間に合うはず、という状況でも、念の為の連絡はしておきましょう。連絡方法は会社の規定に従ってください。
　電車が全く動かない、という場合も、定期的に進捗情報を連絡しましょう。
　無事に到着した際は、ご心配やご迷惑をかけてしまった方々に、お礼とお詫びを伝えましょう。

【到着したら】

Q 携帯電話はどうしたらいいのでしょうか？

A 会社の規定に従ってください。基本的に勤務時間は会社の時間という考え方もあり、プライベート使用の携帯電話は使用できないと考えた方が良いです。
　家庭の事情で急な連絡が入るかもしれない、などの事情がある場合は、周りの方に伝えておきましょう。
　また、受け入れ先の企業からは、インターンシップ生がお昼休みに誰とも話さず、ずっとゲームをしている、友達とLINEをしている、といった声も聞かれます。休憩中ではありますが、周りの状況を見て利用するよう注意しましょう。

Q 自己紹介してくださいと言われて困りました。何を言えば良かったのでしょうか？

A 自己紹介は、ここまで読んできたあなたは第４章で準備しているので問題ないですね。プラスで簡単な自己紹介として、あなたの人柄が分かるような趣味や休日の過ごし方、友達からこんな人だと言われる、などの私紹介バージョン。この２種類を用意しておけば安心です。

　皆さんはインターンシップ先の社員から興味を持たれていますので、何を求められている自己紹介なのかを把握して、自分のことをしっかり理解していただく場としてください。

Q アルバイト先ではいつでも「おはよう」と挨拶をしていたのですが、インターンシップ先では違ったようで戸惑いました……。何が正しかったのですか？

A 社外の方なら「お世話になります」、社内の方とすれ違ったときには「お疲れ様です」が多いですが、お客様には「こんにちは」とお伝えする、など挨拶も相手との関係性や、状況に応じて様々です。基本を身につけた上で、状況に応じて使い分けてください。

　１日の仕事終わりには、周囲の方々へ「お疲れ様です」と言うのも良いですが、教えていただいているので「ありがとうございます」の方が想いは伝わりますね。

【仕 事 中】

Q 担当の方が忙しそうで指示がもらえないとき、ぼーっとするしかなかったです。あのとき、どうすれば良かったのでしょうか？

A もっと何かできるのではないか、と問題意識を持てることは大切です。忙しそうでも「ただ今お時間よろしいでしょうか、〜は終了していますが、次は何をすればよろしいでしょうか」などと相手の都合を聞いてから指示を仰いでみましょう。

　その方がトラブルなどで忙しい場合は、周りの方に聞くなど、指示を待ちぼんやりする時間がないようにしましょう。

Q 来週末までに資料を作っておいてと言われましたが、中間報告のタイミングがよく分かりませんでした。何か決まりはありますか？

A 完了報告は指示が完了したらすぐに行わなければなりませんが、中間報告のタイミングに決まりはありません。

相手に「あの件はどうなっているかな？」と聞かれる前に報告できているのが理想です。まずは、「このように進めていますがいかがでしょうか」という相談から始め、定期的にホウレンソウを行いながら、指示を出した方が安心できるように進めましょう。

【退　　社】

Q 勤務終了時間ですが、皆さん忙しそうで、帰りにくかったです……どうすれば良かったですか？

A インターンシップでは就業時間の取り決めがあるはずなので、規定に従いましょう。

「時間なので帰ります」でも問題はありませんが、周囲の方への配慮の一言や、感謝の一言が添えられると、あなたの想いが伝わります。

「お忙しいところ恐れ入ります、何かお手伝いできることはありますでしょうか」

「恐れ入ります、終了時間となりましたので、こちらで失礼致します。本日もありがとうございました」

また、仕事の迷惑にならない範囲で、自分へのフィードバックコメントをもらえると、次の日の改善につながります（PDCA サイクル）。

【帰 宅 後】

> **Q** もし飲み会に誘われたら、どうしたら良いですか？

> **A** 歓迎会などのあなたのためのものなのか、懇親を考えての気遣いからなのか、場の流れなのか、など飲み会と言っても様々です。意図や状況を考え、自分の状況に応じ判断しましょう。お断りするときには、誘ってくれた相手の気持ちを考えて配慮を忘れずに伝えましょう。

> **Q** SNS はするなと言われましたが、友達限定であれば問題ないですか？

> **A** 大問題です。情報倫理についてしっかりと学び、あなただけの責任では済まされないことを理解した上で、十分に注意をしてください。
> 企業が大きなリスクを含めて、インターンシップを受け入れてくださっていることを忘れずにおきましょう（☞ p. 134「知っておこう‼ 守秘義務について」も参照）。

> **Q** 帰宅したら、体調が悪く熱が 37 度ありました。薬を飲み問題なかったですが、あのときどうすれば良かったでしょうか？

> **A** 「悪いときこそ早めの報告」。体調不良が悪いわけではありませんが、念のため早めに報告しておきましょう。
> 　薬を飲んだら大丈夫、貴重な機会だから絶対に熱を下げて行かないと、などと考えずに、いったん状況をお伝えしておきましょう（会社規定の連絡ツール経由）。体調管理も重要ですが、無理をする必要はありませんし、無理をすることでかえって迷惑をかけてしまうことも考えられます。次の朝の状況に応じて、会社の方と相談するのが一番です。
> 　せっかくのインターンシップですので、体調を崩さないよう、早い段階から生活リズムを整えて、元気にスタートできるように準備しておきましょう。

【身だしなみ編】

Q 夏のインターンシップでクールビズで来るよう言われましたが、どんな格好をすればよいか分かりません。何か基準はありますか？

A 絶対の基準はありませんが、下記はクールビズの基本的な考え方です。参考にして、自身のインターンシップ先の企業の規定に合わせて考えてみてください。

☐襟付き（Tシャツなどはカジュアルな印象を与えます）

☐袖付き（過度な肌の露出や胸元の開きも注意しましょう）

☐パンツ丈（短すぎるとカジュアルになることがあります）

☐スカート丈（露出を考え座ったときの長さで考えましょう）

☐靴（サンダルや運動靴などTPOによってはNGの場合もあります）

☐カバン（一目見て分かるブランド品やカジュアルすぎるリュックなどは注意し、企業や職種に合わせましょう）

☐髪型（服装に応じた清潔感のある髪型にしましょう）

あなたの人生を歩み続けるために

やって **おい** てよかった
やって **おけ** ばよかった

たった2文字の違いで、意味は大きく違います。

インターンシップに参加しようかどうか迷った人も多いでしょう。参加してよかったと思っている人、参加しても意味がなかったと思っている人、どちらもありだと思います。

どちらにしても、そのように思ったのは参加したからです。参加していなければ、そもそも感想の持ちようがありません。

インターンシップに参加しなかった人は、もしかすると後々、どこかのタイミングで「インターンシップに参加しておけばよかったなあ」と思うかもしれません。

そのように考えると、どのような感想を持ったにせよ、あなたはインターンシップに参加したわけなので、一歩行動を起こした自分をほめてください。

成功の反対は失敗ではありません。「行動しないこと」です。失敗も成功も行動したという点では同じです。行動すれば必ず成功するわけではありませんが、行動しないと何も結果は生まれません。

何かに参加したり、取り組む機会が訪れたとき、どうしようか迷いますよね。面倒くさいから……という気持ちになり、「別にいいかな」「今回はやめておこうかな」と適当な言い訳を見つけてやらないことも多いですよね。

人間は完璧ではないので、時にはなまけ心が勝ることがあります。

しかし、皆さんにも後になってから、「やっておけばよかったなあ〜」と後悔したことがあると思います。逆に、「やっておいてよかったなあ〜」と思った経験もあるはずです。

意味があるのかないのか？ やっておいた方がいいのかどうなのか？ そのときは必ずしも分からないでしょう。後になって分かることばかりです。

それが人生だと思います。

心理学者のジョン・D・クランボルツ教授が提唱した「計画された偶発性理論（Planned Happenstance Theory）」という有名なキャリア理論があります。

とても簡単に言うと、偶然を計画するという理論です。

偶然を計画する？　計画できないから偶然なんじゃないの？
そう思いますよね。

> 　そろそろ新年度を迎えるから、来週の土曜日にショッピングモールに行って、春物の洋服でも見てこよう。土曜日になってショッピングモールに行ったら、なんと「冬物全品半額セール」をやっている！　速攻でセール会場に行ったところ、ずっと欲しかったアウターやコートが全部半額、超、超、ラッキー！　結局、春物の洋服は見ずに半額になった冬物を買い込んで幸せな気持ちで帰ってきた。
> 　週明けの月曜日に、友達にこの話をしたら、「マジで!?　知らなかった、行けばよかった〜〜」と残念そうなコメント。

　さて、この話、どの部分が「偶然」で、どの部分が「計画したこと」でしょうか？　少し考えてください。

　計画した部分は、「来週の土曜日にショッピングモールに行って、春物の洋服を見てくる」ですね。「偶然」の部分は「冬物全品半額セール」をやっていて、「欲しかったアウターやコートがあったこと」ですね。

　偶然を計画するということは、「偶然が起きそうなことを計画する」ということなのです。
　つまり、「冬物全品半額セール」という偶然に出会うために、「ショッピングモールに行く」という計画をするのです。何もせず家にずっといたら、「冬物全品半額セール」という偶然に出会うことはありません。
　ジョン・D・クランボルツ教授は、「キャリアの8割は偶然の出来事によって形成される」と言っています。
　これをやってなんか意味があるの？ということであれば、面倒くさいと思ってしまうのはしかたないでしょう。だからといって、何もしないのであれば偶然に出会うこともないはずです。
　世の中、最初から「これをやると意味がある」と思えることばかりではありません。意味があると思ってやったことでも、終わってみれば結局、意味はなかったと思ってしまうこともたくさんあったでしょう。こんなことならやらなければよかった、と思うことも多いでしょう。
　だからといって何もしなければ、幸運に出会うことはありません。
　"その幸運は偶然ではないのです！"

　今回、あなたがインターンシップに参加したことで学んだこと、気づいたことが数多くあったはずです。それは、あなたが「一歩ふみ出した」からであって、決して偶然ではないのです。その偶然は、あなたが作り出したのです。

　私は、その偶然と思える出会い＝幸運がどれだけ積み重なるかで、人生の幸福が違ってくると思っています。
　幸運と出会える状況を創り出す、そのために、意味があるんだろうか？　やってもしかたないんじゃないか？　と思えることにもチャレンジしていってください。

　人生、うまくいくこともあれば、うまくいかないこともあります。良いこともあれば、悪いこともあります。それが人生です。
　一歩一歩、前向きに歩んでいってください。きっと幸運に出会えるはずです。

　私はこのテキストを、私の授業を受けているあなたに話すように書いてきました。実際に会ったことはありませんが、あなたと私はこのテキストを通して、インターンシップを通して出会ったと思っています。
　そして、このテキストをインターンシップのためだけに書いてきたつもりもありません。インターンシップや就職活動といった機会でもないとなかなか考えそうもない大切なことを、あなたに考えて欲しい、一緒に考えていきたいと思いながら書いてきました。
　あなたの人生が幸せで、充実感を持てるようなものにして欲しいと心から願っています。あなたの10年後、20年後の人生を楽しみにしています。

　またどこかでお会いできるといいですね!!

　最後に、これまでインターンシップの授業を受けてくれた多くの学生、受け入れてくださった多くの企業の方々に感謝します。その経験がこのテキストの内容のベースになっています。
　そして、出版を引き受けていただき、細かい点まで目を通してくださったナカニシヤ出版の山本あかね氏、井上優子氏に御礼を申し上げます。

松高　政

【第 7 章】ワークシート・解答編

＊ここで示している解答はあくまで一例で、他にも言い方がある場合があります。

■ 敬語表：解答例

尊敬語	原　型	謙譲語
いらっしゃる	い　る	お　る
なさる	す　る	いたす
いらっしゃる	行　く	参　る 伺　う
お越しになる	来　る	参　る 伺　う
おっしゃる	言　う	申　す 申し上げる
お聞きになる	聞　く	伺　う 承　る
ご覧になる	見　る	拝見する
お見せになる	見せる	お見せする
お会いになる	会　う	お目にかかる
召し上がる	食べる	いただく
ご存じである	知っている	存じている 存じ上げている
お持ちになる	持　つ	お持ちする （持参する）

■ 敬語の基本：解答例

①この内容知ってた？

　→（尊敬語）こちらの内容はご存知でしたか？

　うん。知ってた。

　→（謙譲語）はい、存じておりました。

②この本もう読んだ？

　→（尊敬語）こちらの本はすでにお読みになりましたか／ご覧になりましたか。

まだ読んでない。

　　→（謙譲語）いいえ、まだ読んでおりません／まだ拝見しておりません。

③お弁当は全部食べた？

　　→（尊敬語）お弁当は全てお召し上がりになりましたか？

全部おいしく食べた。

　　→（謙譲語）はい、全ておいしくいただきました。

④次はいつ行くの？

　　→（尊敬語）次はいついらっしゃるのですか？（お出かけになる、行かれる、など）

行く予定はない。

　　→（謙譲語）お伺いする（伺う）予定はありません。

⑤課長に報告書は見せた？

　　→（尊敬語）〜課長に報告書はお見せになりましたか？

うん。さっき見せた。

　　→（謙譲語）はい、先ほどお見せしました。

■ 正しい言葉遣い

①お昼ご飯は何をいただかれますか？

　　→ご昼食は何を召し上がりますか？（謙譲語ではなく尊敬語にする）

②お客様が申されました。

　　→お客様がおっしゃいました。（謙譲語ではなく尊敬語にする）

③もう拝見されましたか？

　　→すでにご覧になりましたか？（謙譲語ではなく尊敬語にする）

④受付でお伺いください。

　　→受付でお聞きください／ご確認いただけますか。（謙譲語ではなく尊敬語にする）

⑤お客様がお越しになられる。

　　→お客様がお越しになる。（二重敬語：お越しになる、いらっしゃる、来られるが
　　　正しい）

⑥〜部長がおっしゃられていた件（社内で）

　　→〜部長がおっしゃっていた件（二重敬語：おっしゃった、言われていたが正しい）

⑦趣味で釣りをさせていただいています。

　　→趣味で釣りをしております。（させていただくの使い方が間違っている）

⑧田中さん（上司）は仕事がよくできますね。（本人に対して）

　　→田中さんのお仕事は大変勉強になります。（関係性により上司を評価するよう
　　　に聞こえるため、使わない方が良い表現になっている）

⑨田中さん（上司）の話し方はハキハキしていて感心して見ていました。（本人に対
　して）

　　→田中さんのお話の仕方は明確で非常に分かりやすかったです。

　　（関係性により上司を評価するように聞こえるため、使わない方が良い表現に
　　なっている）

⑩提出書類はこちらで大丈夫ですか？

　　→提出書類はこちらにご提出すればよろしいでしょうか。

　　（「大丈夫」でも意味としては理解できるが、相手に合わせて適切な言葉で言い
　　換えた方が良い）

■ 執筆者紹介（* は編著者）

松高　政（まつたか まさし）*
担当：第1章、第2章、第3章、第4章、第8章、インターンシップに参加した先輩学生の
レポート、知っておこう!! トラブルに合わないために、知っておこう!! 守秘義務について
京都産業大学経営学部准教授。一般社団法人産学協働人材育成コンソーシアム代表理事。
インターンシップの推進に関して学内外で活動。専門は産学協働教育、キャリア形成支援。文
部科学省・経済産業省のインターンシップ関連の委員を多数歴任。京都産業大学でインターン
シップ科目を長年担当し、文部科学省「令和5年度大学等における学生のキャリア形成支援活
動表彰」において最優秀賞を受賞。編著に『大学教育を変える、未来を拓くインターンシップ』
（ジアース教育新社、2020年）等。

西岡亜矢子（にしおか あやこ）
担当：第5章、第6章、第7章、インターンシップQ＆A
企業や大学でホスピタリティ、コミュニケーションを伝える活動を行う。
所持資格：小笠原流礼法奥伝、実務技能検定協会秘書検定1級、実務技能検定協会サービス接
遇検定1級、JHMA認定ホスピタリティ・コーディネータ、国家資格キャリアコンサルタント

完全版 インターンシップの教科書
自分のチカラを見つけたい、試したい、伸ばしたい

2024年4月20日　初版第1刷発行　　　定価はカヴァーに
　　　　　　　　　　　　　　　　　　表示してあります

編著者　松高　政
発行者　中西　良
発行所　株式会社ナカニシヤ出版
〒606-8161　京都市左京区一乗寺木ノ本町15番地
　　　　　　　　Telephone　　075-723-0111
　　　　　　　　Facsimile　　075-723-0095
　　　　　Website　https://www.nakanishiya.co.jp/
　　　　　E-mail　　iihon-ippai@nakanishiya.co.jp
　　　　　　　　郵便振替　01030-0-13128

装幀・イラスト＝鈴木素美／印刷・製本＝ファインワークス
Copyright © 2024 by M. Matsutaka & A. Nishioka
Printed in Japan.
ISBN978-4-7795-1787-7